本书研究及出版获得以下基金项目资助：中国人民大学重大基础研究计划（11XNL004）、国家自然科学基金项目（41201582）、北京市自然科学基金项目（9152011）、北京高等学校青年英才计划项目（YETP0201）

中国家庭能源消费研究报告

(2014)

CHINESE HOUSEHOLD ENERGY CONSUMPTION REPORT

郑新业 等 著

科学出版社

北京

内 容 简 介

本书是中国人民大学能源经济系于 2012 年 12 月~2013 年 3 月在全国 26 个省份对 1450 户家庭进行的第一次居民生活能源消费问卷调查。该调查包括六个组成部分：家庭人口特征、住房特征、家电拥有和使用情况、空间取暖与制冷、私人交通出行概况、家庭电力消费情况以及对相关能源政策的了解情况。

本书可以作为政策制定者和公众了解当前居民用能现状和变化的参考书。

图书在版编目(CIP)数据

中国家庭能源消费研究报告. 2014 / 郑新业等著. —北京：科学出版社，2014. 12
　ISBN　978-7-03-042805-9

　Ⅰ. ①中…　Ⅱ. ①郑…　Ⅲ. ①居民–能源消费–研究报告–中国–2014
Ⅳ. F426. 2

中国版本图书馆 CIP 数据核字(2014)第 303178 号

责任编辑：林　剑／责任校对：邹慧卿
责任印制：徐晓晨／封面设计：耕者设计工作室

科 学 出 版 社 出版
北京东黄城根北街 16 号
邮政编码：100717
http://www.sciencep.com

北京京华虎彩印刷有限公司 印刷
科学出版社发行　各地新华书店经销
*

2015 年 1 月第 一 版　　开本：720×1000　1/16
2017 年 4 月第三次印刷　　印张：10 3/4
字数：150 000

定价：98.00 元
(如有印装质量问题，我社负责调换)

《中国家庭能源消费研究报告》编写组成员

郑新业　　魏　楚　　秦　萍

宋　枫　　虞义华　　陈占明

郭　琎　　傅佳莎

前言

未来一段时期内，中国将处于城镇化的快速发展阶段。随着越来越多的农村人口集聚到城镇生产、生活，其能源消费模式与形态也将产生剧烈变化，并进而影响到全国的能源需求、能源基础设施投资布局等。尽管城镇化预期将增加居民部门的能源消费，但其传导渠道、影响程度和政策可作用空间均是未知状况。着眼于这一巨大的现实问题，中国人民大学能源经济系从2012年开始，展开年度性的家庭能源消费问卷调查，旨在了解当前城乡之间能源消费模式的差异，分析城镇化过程对能源消费的动态影响，并评估相应的能源政策的有效性。

本报告是中国人民大学能源经济系针对2012年全国家庭能源消费状况进行研究的成果。郑新业教授构思了整个研究选题及框架，并对问卷设计、实施以及后期研究写作倾注了大量心血。其他作者也对书稿作出了大量贡献。各章的主要贡献者分别是：

第一章：郑新业、魏楚

第二章：傅佳莎、魏楚、蔡福祥

第三章：陈占明、宋枫、虞义华、魏楚、秦萍、黄滢等

第四章：郭琎、魏楚

第五章：宋枫、虞义华、魏楚、郭琎、傅秋子、王延康等

第六章：郭琎、黄滢、魏楚

此外，在问卷设计阶段，还得到了美国未来资源研究所王忠民研究员、中国社会科学院张海鹏博士、四川大学陈晓兰博士等的热心帮助和指导。中国人民大学经济学院徐雪娇、车贞子、韩奕、傅秋子、王延康、张惠、蔡福祥、彭巧云同学也为此次问卷成功实施提供了大

量高效的助理研究工作，在此一并表示感谢。

本次调研得到了中国人民大学经济学院"能源经济学学科建设专项经费"的资助，中国人民大学国家发展与战略研究院也为后续的研究提供了部分支持，在此表示衷心感谢。

本报告的各部分安排如下：第一章为本报告的整体背景描述；第二章对此前文献研究进行系统性回顾与评述；第三章介绍问卷设计以及问卷结果的描述性统计；第四章介绍家庭能源消费的估计方法；第五章对中国家庭能源消费进行具体分析，包括流量图分析、城乡对比和国际比较；第六章是相关的研究专题，如讨论中国南方、北方集中供暖问题。

由于研究资金有限，加之作者缺乏经验，本报告难免存在不足，诚恳欢迎专家和读者批评指正。

本报告编写组
2014 年 8 月

目 录 CONTENTS

前　言

1　第一章 背景

8　第二章 研究综述
　　第一节　家庭能源消费与经济增长 …………… 9
　　第二节　家庭能源消费特征 …………………… 12
　　第三节　家庭能源消费的影响因素研究 ……… 21
　　第四节　家庭能源消费行为的挑战 …………… 23
　　第五节　节能政策研究及政策建议 …………… 28

31　第三章 家庭能源消费基本特征
　　第一节　问卷设计与实施 ……………………… 31
　　第二节　受访家庭特征 ………………………… 32
　　第三节　家庭住房特征 ………………………… 36
　　第四节　厨房设备及家用电器 ………………… 41
　　第五节　取暖与制冷 …………………………… 48
　　第六节　交通方式 ……………………………… 58
　　第七节　家庭收支与能源消费 ………………… 67

…… iii

第四章 家庭能源消费估计方法

第一节 基本思路与方法 …………………… 74
第二节 厨房设备能源消费估计 …………… 75
第三节 家用电器的能源消费估计 ………… 76
第四节 取暖、制冷和热水器的能源消费估计 … 82
第五节 家庭私人交通的能源消费估计 …… 89

第五章 家庭能源消费分析与比较

第一节 中国家庭能源平衡表和能流图 …… 91
第二节 中国家庭能源消费的城乡差异 …… 94
第三节 中国家庭能源消费的国际比较 …… 98

第六章 南北供暖之争

第一节 南北供暖争论的背景 ……………… 103
第二节 数据描述与特征 …………………… 108
第三节 研究对象界定与研究方法 ………… 111
第四节 南北城市家庭比较 ………………… 115
第五节 南方采用集中供暖的情景分析 …… 119
第六节 政策建议 …………………………… 121

主要参考文献

附 录

第一章

背 景

2010年，中国的能源消费总量超过美国，成为全球最大的能源消费国。巨大的能源需求导致的能源供需失衡、国家能源安全风险、能源相关的污染和温室气体排放等问题，已成为急需解决的重大现实问题。如图1-1所示，在中国用能部门中，居民能源消耗已成为继工业部门外的第二大能源消耗部门，占所有终端能源消费的11%；如果考虑居民的私人交通出行所致的能源消耗，那么居民能源消费占比会更高。

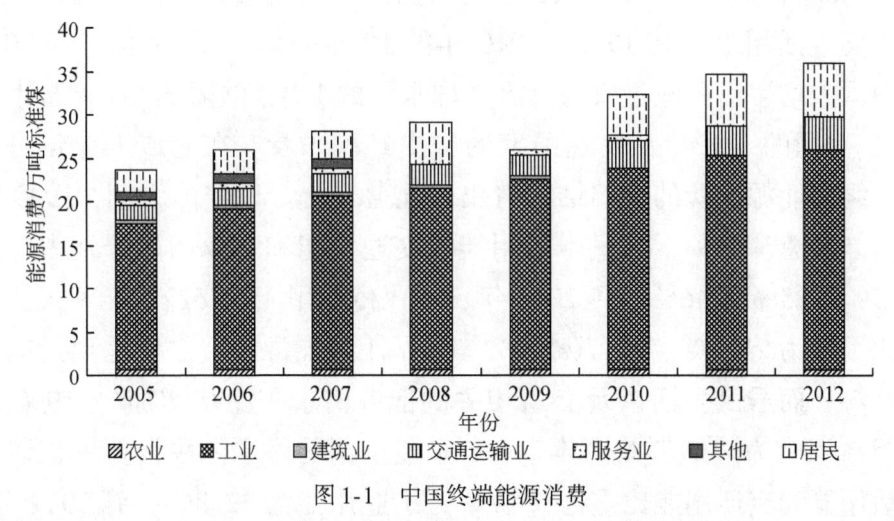

图1-1 中国终端能源消费

数据来源：根据历年《中国能源统计年鉴》整理得到相应数据

在未来较长时期内，中国居民能源消费仍将呈现快速增长趋势。原因之一在于，中国仍处于工业化进程中，同完成工业化的发达经济体相比，中国的人均生活用能仍相对较低。图1-2比较了世界主要发

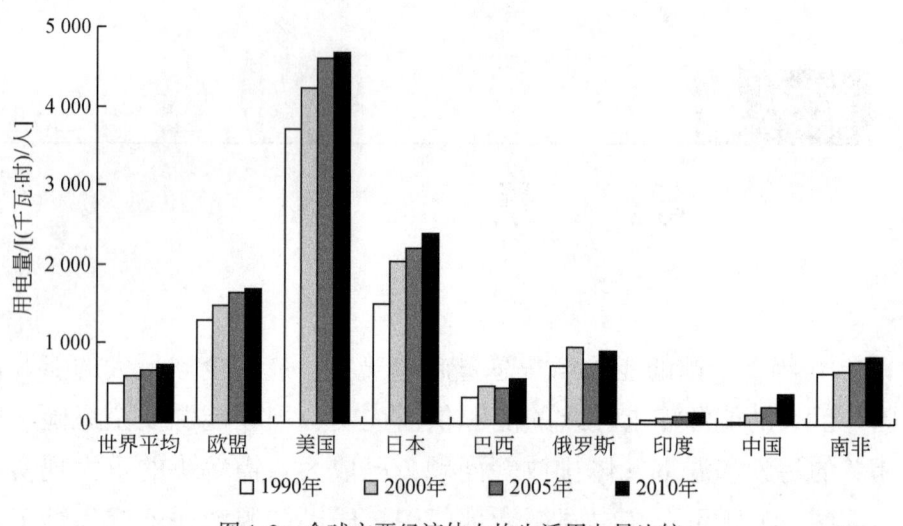

图1-2 全球主要经济体人均生活用电量比较

数据来源：世界能源委员会，2013

达经济体和金砖五国（巴西、俄罗斯、印度、中国、南非）在1990年、2000年、2005年和2010年的人均生活用电量，可以看出，中国的人均生活用电量在1990~2010年的10年间增长了21倍，但2010年中国人均生活用电量仅为世界平均水平的1/2，欧盟的1/4，日本的1/6，美国的1/12。从发达国家的历史经验来看，在完成工业化进程后，终端能源消费的部门结构将出现显著变化。以美国为例，1949年美国能源总消费中，居民生活用能、交通用能和工业用能分别占比为17.5%、25%和46%；到2013年，居民生活用能、交通用能和工业用能比重变为21.7%、27.7%和32.3%，工业能源消费占比呈现持续下降趋势，而居民生活以及交通相关的能源需求则稳步增加[1]。1990年欧盟（当时为"欧洲共同体"）25个成员国的终端能源消费中，居民生活用能和交通用能比重为52.7%，工业用能为32.8%，到2011年，居民生活及交通用能比重增至57.8%，工业用能则降为25.9%[2]。可

---

[1] http://www.eia.gov/totalenergy/data/annual/index.cfm
[2] http://epp.eurostat.ec.europa.eu

以预见，随着中国逐渐完成工业化进程，其工业用能将呈现增速放缓甚至总量减少的趋势，而居民生活用能及交通能源需求将随着人们生活水平的提高而稳步增长，最终呈现总量与比重逐渐增加的态势。

居民生活用能不断增加的另一个动力是中国的城镇化。正如图1-3描述的，中国的城镇与农村的人均生活用能存在较大差异。2010年，普通城镇居民消费315千克标准煤，而农村居民人均用能仅为204千克标准煤，城镇居民用能是农村居民的1.5倍。与此同时，按照国务院印发的《国家新型城镇化规划（2014—2020）》，我国的常住人口城镇化率将从2013年的52.6%增加到2020年的60%，这意味着在6年时间内将有约1亿人进城落户。这些人口的迁徙、流动和居住都将推动居民生活用能总量与结构的变迁。

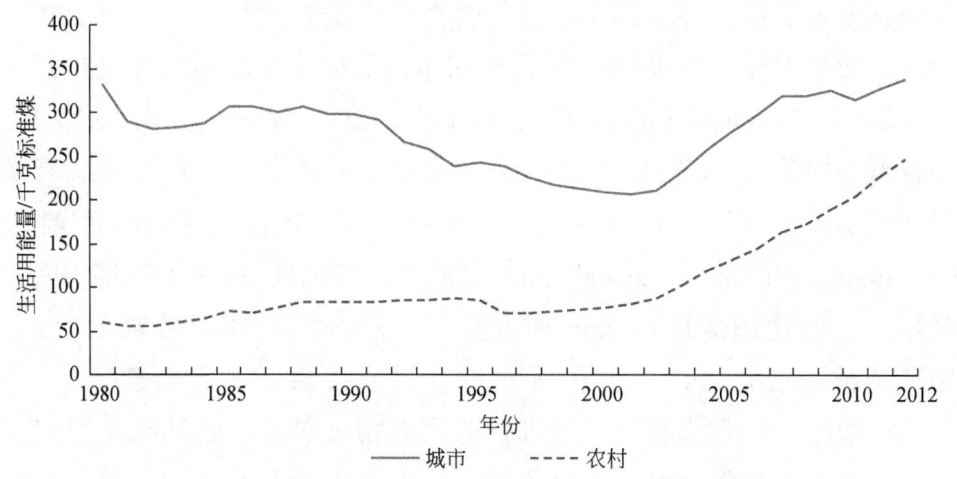

图1-3　中国城乡人均生活用能量比较（1980~2012年）
数据来源：根据历年《中国能源统计年鉴》整理得到

强劲的生活用能需求，一方面客观反映了人民生活水平以及国家发展水平的提高；另一方面也可能同中国节能减排的总体目标产生冲突。作为国家低碳计划的一部分，中国正考虑对能源消费进行总量限制，并强调国家能源战略要从原来的"注重供应侧保障能力"朝着"提高供应能力与能源需求侧管理并重，并将后者放到更重要的地位"

方向进行调整。因此，对中国居民的能源需求进行基础性和系统性研究，显得十分紧迫而必要。

发达国家很早就意识到居民能源消费信息的重要意义，对居民家庭能源消费情况进行定期问卷收集，建立了开放式的大样本微观数据库用于科学研究及政策分析。例如，美国能源信息署（EIA）早在1978年就开始进行美国居民能源消费调查（Residential Energy Consumption Survey，RECS），此后每四年开展一次，以便掌握居民生活用能的变动趋势与特征。2009年的问卷样本覆盖美国16个州12 083户家庭，这一调查的结果被广泛应用于科学研究和决策。澳大利亚统计局开展的居民能源消费调查（Household Energy Consumption Survey，HECS）主要收集居民能源消费类型、数量、成本支出以及能源消费的主观态度等信息，2012年HECS问卷样本覆盖全澳大利亚共13 000个家庭。加拿大统计局从1993年开始对本国居民能源使用情况进行调查（Survey of Household Energy Use，SHEU），2007年开展的第四次问卷普查覆盖加拿大10个省共1290万户家庭。经济合作与发展组织环境局于2008年开展了第一次环境政策与个体选择问卷调查（Environmental Policy and Individual Choice，EPIC），旨在了解哪些因素会影响人们使用能源的态度和方式，以及人们对环境政策的反应。2011年的第二次EPIC问卷覆盖了11个国家共11 000户家庭。

在中国，对能源消费状况进行的研究相对滞后，而且相关研究更多地聚焦于工业企业用能信息收集。迄今为止，无论是政府部门还是学术机构，尚未有对家庭能源需求的系统性研究。部分学者的研究往往借助局部范围内的问卷来进行。例如，Wang和Feng（2001）对江苏省的能源利用率以及能源消费造成的严重污染进行了研究；Tonooka等（2006）在西安随机抽取了200个家庭进行问卷调查，对居民能源消费的状况进行了分类，并估计了居民部门的温室气体排放量及造成的空气污染。Feng等（2010）研究了辽宁省居民部门能源效率提高的障碍以及家庭电力消费情况；Zhou和Teng（2013）使用四川省年度家庭调查数据估计了2007~2009年居民电力消费的收入弹性和价格弹性。虽然这些研究都关注了家庭能源消费问题，但是所用的调查数据基本都是当地的调查数据，无法捕捉到能源消费的区域差异。

为了弥补这一空白并提供中国居民能源消费的概况，本报告在美国家庭能源消费调查（RECS）的基础上，设计了第一次中国居民能源消费调查问卷（Chinese Residential Energy Consumption Survey，CRECS），对中国26个省1450户家庭在2012年的生活能源消费情况展开了调查。问卷包括以下六个组成部分：家庭人口特征、住房特征、家电拥有和使用情况、空间取暖与制冷、私人交通出行概况、家庭电力消费情况以及对相关能源政策的了解情况[①]。此次问卷调查希冀在以下两方面有所贡献：第一，这是第一次较大范围的居民能源消费入户调查，展示了中国居民能源消费的基本概况，同时也为后续的居民能源调查提供了基础。对居民能源消费进行定期调查将会帮助政策制定者和公众了解当前居民用能的现状和变化，有助于了解影响居民用能的因素，如年龄结构的改变、城镇化进程、家庭收入增长等，从而更好地对未来能源需求进行预测。第二，依据问卷调查数据，可以对我国相应的能源政策进行评价。譬如节能照明及家电能效标志政策，问卷中设计了相应模块来收集家庭参与这些项目的意愿、态度和行为。此外还可以分析居民对峰谷电价、阶梯电价的反应以及上述政策实施的有效性。

本研究报告正是基于该问卷数据库所进行的分析，旨在勾勒出中国居民的能源消费模式与影响因素，帮助决策者与公众了解我国居民生活用能的基本特征和地理分布，识别生活节能的潜力、障碍和影响因素，并为制定相应的节能管理措施提供数据基础和决策思路。本报

---

① 值得说明的是，居民家庭能源消费包括直接消费和间接消费。其中，直接消费指居民生活中对能源产品的直接购买和消费，除了照明、炊事、电器、交通等直接消耗的电力和燃料，对其他商品和服务的需求也会间接消耗能源。间接消费是指居民消费的非能源产品在生产过程中所消耗的各部门产品中所包含的已消耗能源之和，包括原材料、辅助材料、机器设备等所包含的已消耗能源。本研究主要考察居民家庭的能源直接消费情况。

告有以下几点主要发现：

第一，对中国居民的生活用能总量与结构进行了定量估计。样本中，一个普通家庭在2012年的能源消费量为1426千克标准煤，人均能源消费量为612千克标准煤。最主要的能源来源是热力（45%）、天然气（18%）、电力（15%）和薪柴（12%）；最主要的能源需求是室内取暖（54%）、炊事（23%）、热水加热（14%）和家电（7%）。

第二，我国居民生活用能在能源结构和需求结构上存在很大的城乡差异。平均而言，2012年居民能源消费量中城镇家庭为1503千克标准煤，农村家庭为1097千克标准煤，城镇居民能源消费量是农村居民的1.4倍。在能源结构上，商业能源在城镇地区被广泛应用，主要包括热力、天然气和电力；而传统生物质能在农村地区仍占据主导地位。在能源需求结构上，城镇居民用能主要是用于室内取暖，农村居民的主要用能活动则是炊事。

第三，我国家庭能源消费量远低于发达国家的水平。从绝对量来看，我国居民2012年生活用能是美国居民2009年生活用能的44%，是欧盟27国2008年生活用能的38%。从能源结构与消费用途来看与发达国家类似，即商业能源消费比重较高，且室内取暖是最大的能源消费用途。然而，我国居民的炊事用能占比显著高于其他国家。

本报告的政策含义有以下三点：

第一，描绘了居民生活用能的基本轮廓和结构，这将有助于决策者掌握当前居民生活用能的基本模式和城乡差异状况。在城镇化进程背景下，居民能源需求预期会持续增长，同时燃料结构也会发生巨大改变。决策者只有意识到能源消费总量和结构上的变化才能更好地预测未来能源需求，并对能源相关的基础设施投资进行科学决策（如新城镇周边的电力建设）。

第二，识别出了居民生活用能管理的机遇和挑战。例如，室内取暖占居民用能需求量的一半，而其主要来源是集中供暖。鉴于我国大多数集中供暖系统是通过市政热力运营，因此有必要通过提高热能生产效率、降低热力管网损耗，强化建筑隔热保暖，以及实施分户热力计量系统等措施来节约能源。挑战同样主要来自于集中供暖。由于集中供暖主要集中在北方城市，对供暖基础设施的改善以及对居民的供暖补贴实际上损害了农村以及南方城市居民福利，因为后者在采用电力进行分户自供暖时不仅没有补贴，而且还要面临阶梯电价。因此，当前集中供暖的计量收费和交叉补贴都是未来需要改革的领域。

第三，提供了评价能源政策有效性的微观数据基础。例如，我国于2005年开始实施家电能效标志系统，为了促进高能效家电的普及应用，政府还实施了相应的能效补贴政策。为了评估这一政策的效果，笔者收集了被访家庭是否购买能效产品，是否接受了补贴，以及对节能的主观态度等信息。这些数据可以用于识别消费者购买决策的影响因素，并分析是否存在能源回弹效应。收集的家庭月度用电量和电费支出数据可以用于评价2012年开始实施的阶梯电价政策。此外，这一微观数据库还可用于分析能源需求的价格弹性、收入弹性，以及能源回弹效应等问题。

第二章

研究综述

　　家庭能源消费是能源消费的终端环节，虽然其并不直接参与国民生产总值的创造，但直接或者间接地影响着工业、服务业、交通等产业的能源消费，从20世纪70年代起，家庭能源消费逐渐引起了全球范围的关注。相对于工业能源消费来说，居民能源消费在总体能源消费中占比不高，在能源消费体系中相对独立，用能方式分散，节能产品和节能技术发展缓慢。中国过去的几十年都处于工业化初期，特殊的经济结构，相对落后的节能技术，淡薄的环保意识等因素共同作用，导致通过对家庭能源消费行为的深入研究进而提升能源利用效率的活动在国内长期得不到重视。伴随着中国工业化、城市化进程的加快，人均收入水平大幅提高，各种商品和服务的消费支出随之增加，中国家庭能源消费水平亦不断提高，对能源的需求不断增强，这将导致未来较长一段时间内中国居民能源消费和碳排放水平都会高居不下，给经济环境带来巨大压力。因此，认识家庭能源消费行为的特点和影响因素，优化家庭能源消费结构，有效引导家庭能源消费模式，成为中国可持续发展亟待解决的问题。

　　本章试图从家庭能源消费的主要特征和影响因素等方面入手，对家庭能源消费的国内外相关研究进行总结和回顾，以期构建环境友好型的居民生活消费模式，实现能源、经济、环境的协调发展。

第一节　家庭能源消费与经济增长

1. 能源消费与经济增长

国外学者关于能源消费与经济增长关系的研究主要集中在Granger因果关系和协整关系上。Kraft和Kraft（1978）利用美国1947～1974年的国民收入总值和能源消费数据，发现了从国民收入总值到能源消费的单向Granger因果关系。但是，调整了样本时间序列区间，或者使用其他国家数据进行验证时，并未得到一致的结果。例如，Lee和Chang（2008）发现国内生产总值与能源消费之间存在着双向Granger因果关系。Tsani（2010）使用希腊过去50年的数据资料，得出了该国存在能源消费对国民生产总值的单向Granger因果关系，但不存在反向的因果关系。Stern（2000）把能源引入Cobb-Douglas模型，发现国民生产总值、资本、劳动力和能源之间存在着协整关系。

国内学者的研究起步较晚，林伯强（2003）采用协整及误差修正模型，实证发现国内生产总值和电力消费之间存在着长期协整均衡关系。韩智勇等（2004）仅发现国内生产总值与能源消费之间存在短期双向Granger因果关系。杨朝峰和陈伟忠（2005）发现我国存在着长期稳定的从经济增长到能源消费的单向Granger因果关系。尹建华和王兆华（2011）运用EG两步法实证得到从能源消费到经济增长的长期单向Granger因果关系。

综合以上国内外文献，不难看出，受到数据的时间跨度、地域差别、计量方法差异等因素影响，能源消费与经济增长因果关系的研究尽管没有得出一致结论，但是在长期的探索中，伴随着更加先进的计量方法和新兴理论的推动，两者因果关系的研究已经形成了较为系统的方法体系。

2. 家庭能源消费与经济增长

中国家庭能源消费从 1980 年的 9583 万吨标准煤到 2006 年的 25 387 万吨标准煤，增长了 2.65 倍；居民人均生活能源消费从 1980 年的 97.7 万吨标准煤到 2006 年的 194.7 万吨标准煤，增长了 2 倍。同期，总体能源消费从 60 275 万吨标准煤到 246 270 万吨标准煤，增长了 4.1 倍（陈迅和袁海蔚，2008）。家庭能源消费表现出两个特点：一方面，其在总体能源消费中所占的比重逐年下降；另一方面，居民个人生活用能强度逐年增长。随着我国工业化和城镇化的进一步发展，家庭能源的供应压力越来越大。

Abakah（1990）通过 1974～1987 年的数据回归发现，薪柴的使用量与加纳的实际收入和通胀水平正相关。实际收入和通货膨胀的持续性使得对薪柴的使用量不应被低估。王效华和冯祯民（2001）利用 1980～1996 年中国农村家庭能源消费的水平及结构数据发现，中国农村家庭能源消费水平和结构与家庭收入有着密切关系。Pachauri 和 Spreng（2002）基于印度 115 个部门投入产出表，研究发现家庭能源需求在总量、人均量，直接和间接能源消费上都持续增长，原因主要是人均支出增长、人口增长和食品及农业能源强度增长。Cohen 等（2005）通过研究巴西 11 个城市的家庭能源需求，发现居民生活支出的能源强度随收入水平增加。Park 和 Heo（2007）研究表明，消费支出的增加是导致家庭能源消费增长的主要因素。Zhang 和 Koji（2012）利用 2009 年北京郊区的调查数据，使用 Tobit 回归，并使用外生的可观测的变量作为简化型方程的解释变量。研究发现，煤炭、电力和液化石油气的消费与人均收入呈倒 U 形曲线，与家庭人数负相关、与受过中学教育的比例正相关，人均收入是人均煤炭能源消费的主要决定因素。Niu 等（2012）根据 2009～2010 年在黄土高原的家庭调查数据，发现能源消费的阶梯特征显著，收入水平对能源使用有着重要影响，高收入的城市家庭使用高质量的能源。

3. 家庭能源消费与城市化

城市化进程一方面导致了经济规模的扩大，加大了家庭能源消费的数量；另一方面，城市家庭能源消费以商品能源为主，电力、天然气等优质资源使用比例明显高于农村居民。随着农村居民向城市转移，将会带动能源消费结构的优化。伴随着产业组织结构、技术结构、产品结构的优化调整，会使得各种资源得到更加高效合理的利用，这又作用于能源消费的下降趋势。

Gates 和 Yin（2004）通过分析能源型家电消费的城乡结构，说明了城市化会导致居民生活电力需求的增加。陈迅和袁海蔚（2008）建立协整模型，发现城市化是影响家庭能源消费的主要因素之一。Zhao 等（2012）根据 1998～2007 年的多种来源的产品和活动水平的数据，利用 LMDI 分解方法，对中国城市居民能源消费进行分解。研究发现，城市化、收入水平的提升以及能源消耗品拥有量的增加均显著提升了中国城市居民能源消费。黄飞雪和靳玲（2011）研究指出城市化推动居民生活用能多量化和优质化。2007 年中国家庭能源消费量比 2000 年增长了将近 68%。城市化促使农村劳动力向城市转移，由于城市的人均收入高于农村，收入的提高使得城市居民的购买力上升，增加对耐用消费品的需求，进而增加了居民生活能耗。同时城市化会导致交通能源消费的增长，公交、地铁以及大量私家车的使用，使得中国成品油的消费幅度大幅增加。Michieka 和 Fletcher（2012）研究了中国城市人口与煤炭消费的关系。研究发现在预测期内，城市人口的增长对煤炭消费和电力产量有正向影响，对 GDP 有负向影响，因此政府要平衡好经济增长与城市化间的关系。

第二节 家庭能源消费特征

本节分别从国内和国外、城镇与农村、直接与间接三个角度来总结归纳家庭能源消费行为特征的现有理论和实证研究。

1. 国内外家庭能源消费特征

不同地区由于资源禀赋、制度、技术水平的不同，以及文化的差异等，家庭能源消费的具体表现不尽相同，与经济增长的作用机理存在着差异。

国外方面，Lenzen（1998）利用投入－产出模型评估了澳大利亚消费者行为对能源消费和温室气体排放量的影响。Weber 和 Perrels（2000）建立了生活方式对能耗的影响力模型，定量分析了德国、法国、荷兰的家庭消费结构以及生活方式对能源需求和碳排放量的影响。Bin 和 Dowlatabadi（2005）利用生活方式分析法研究了美国消费者行为与能源利用以及二氧化碳排放量之间的关系。Sahakian（2011）利用国际、国家和地区层面的统计数据，并结合 2008 年在马尼拉与不同阶层的民众进行的 34 次半结构化访谈，对马尼拉城市家庭能源消费状况进行了研究。Hamamoto（2013）根据 2010 年日本草加市的调查数据，利用边际减排成本曲线及面板回归分析，研究发现，高的碳价格水平可以激励家庭使用节能产品从而减排，对节能行为的优先级更高、独户的、家庭成员更少、收入更低的家庭来说，节能的净收益更高。

国内方面，郭保雷和王彦佳（2002）运用活动分析法并借助 LEAP 模型对 1999 年中国家庭能源消费进行分析，总结了中国家庭能源消费的几大特点：①人均生活耗能水平相对较低；②电力消费上城乡差距较大；③城乡生活能耗差别巨大。樊静丽等（2010）揭示了中国家庭能源消费的主要特征：①家庭能源消费量总体呈上升趋势，其在全社会能源消费总量中所占比重却持续下降。②城镇和农村居民生活用能特征有很大不同。城镇居民人均生活能源消费量增长极快；农村居民能源消费结构却仍以煤炭为主，引导居民部门能源消费应该对城乡居民有所侧重。③各区域家庭能源利用效率存在明显差异，东部沿海地区能源利用效率最高、中部地区最低。要提高各区域生活能源利用效率，需根据各区域不同用能特征规划能源政策。

同时也有相当数量的文献对不同国家家庭能源消费进行了对比分析。Nakagami 等（2008）利用 2004～2006 年的 18 个国家的调查数据研究发现：西方国家家庭能源消费已接近饱和，亚洲国家的家庭能源消费将继续上升；在亚洲的农村地区，因为能源基础设施还不完善，还存在革新能源系统的机会。Krey 等（2012）利用联合国、世界银行等国际组织及亚洲各国政府的官方数据，对亚洲城市和农村能源消费和二氧化碳排放进行了研究。他们比较了城市和农村的能源消费结构。研究发现：①国家或地区二氧化碳排放量对不同的城市化速度并不敏感；②不同的城市化路径对居民固定燃料的使用份额有不同影响，尤其对农村居民影响更大，从而带来不同的社会影响；③城市化以及家庭和消费者的异质性同收入分配效应显著相关。

还有很多学者将中国与其他国家进行了对比。Zhang（2004）根据 1990～2001 年中国城市居民能源消费数据、美国能源局 1997 年的调查数据、加拿大 1997 年的自然能源局调查数据、日本学者 Miura 的研究数据，计算了中国年均单位能源消费量（UEC），并与其他三国 1997 年的数据进行比较。研究发现，20 世纪 90 年代，中国煤炭的消费量处于下降趋势，电力和煤气的消费量处于上升趋势；并计算出中国 1997 年的平均每户的 UEC 在 11～24 吉焦，其中，中国城市平均 UEC 为 17.2 吉焦，比同期的日本、美国和加拿大高 39%、16%、12%。Pachauri 和 Jiang（2008）利用印度和中国的数据，对中国和印度的家庭能源消费结构转变进行了比较。研究发现，两国能源消费情况存在以下不同：①中国的居民能源消费是印度的两倍；②中国的家庭均通电，而印度有很大一部分家庭未通电；③在总量层面上，中国城市家庭在液体燃料和电网消费上的份额（77%）高于印度的城市家庭（65%），然而，在相同的收入水平下，印度家庭在液体燃料和电网消费上的份额略高于中国家庭。但是两国也有很多相同之处：①两国能源使用和能源消费结构转换的影响因素是相似的；②两国的城市家庭均比农村家庭消费更大比例的商业能源，然而，农村家庭的总的能源消费超过了城市家庭；③两国能源消费结构转换的关键因素为收入、能源价格、能源可得性、当地的燃料可用性。O'Neill 等（2012）使用 iPETS 模型、包含了家庭特征异质性的 CGE 模型及分解分析的方法，研究了城市化对中国和印度能源消费的影响。他们预测到 2050 年，中国的城市化水平将为 55%～78%，印度的城市化水平将达到 38%～69%。他们认为城市化对 GDP、能源使用和污染排放有着较弱的正向影响，而收入对家庭消费有很强的影响，并会影响家庭能源消费的结构升级，从而会出现一个从使用传统燃料向使用现代燃料的快速转换。Hori 等（2013）利用 2009 年及 2010 年在亚洲五个主要城市（大连、重庆、福冈、曼谷、胡志明市）的调查数据，分地区进行 OLS 回归，并通过城市虚拟变量与其他变量的交叉系数比较了城乡差异。研究发现：全球变暖的意识、环境行为、社会作用会正向影响节能行为，收入和年龄对节能行为有弱的正相关效应，社会的作用对节能行为有显著影响，尤其是在大连和重庆的农村地区，这一影响最为显著。

2. 城镇与农村家庭能源消费特征

城镇和农村作为两种不同的地域空间，人们的生产和生活方式不同，其能源消费结构和相应的碳排放量也有所不同。

1986 年以来，城镇家庭能源消费中的煤炭消费量明显减少，煤炭消费比重降低，由1986年的89%下降到2007年的13%。天然气、电力以及热力成为城镇家庭能源消费的主体，占到50%以上。城镇家庭能源消费格局由"煤炭为主"转变为"以清洁能源为主，煤炭为辅"（樊静丽等，2010）。傅定法等（1993）通过浙江省城市居民能源消费量的预测、消费结构和模式演变进程的研究，探讨21世纪浙江省城市家庭能源消费的可能模式。Chen等（2010，2011）分季节对中国城市居民建筑能源消费的特征进行了研究。研究发现，城市地理位置、房屋个体特征、空调和热水器使用、家庭特征、对室内温度的主观测度都是夏季能源消费的影响因子。冬季的能源消费也有显著的地区特征，北方城市取暖是冬季能源消费的主要部分，家庭收入是能源消费的主要影响因素。Yu等（2011）根据2009年北京市的调查数据，利用以MDCEV模型为基础的能源消费模型，研究北京市居民的室内和室外的能源消费行为。研究发现住户和个人的特征会影响室内电器与车辆的数量与使用情况；收入、房屋面积、住宅类型、节能意识显著影响室内和室外的能源消费行为。杨亮和丁金宏（2014）采用信息熵等理论，研究了上海市1997～2009年城镇居民直接生活能源消费结构的演变趋势。结果显示：1997～2009年上海市在家庭能源消费总量增长的同时，消费结构也发生了深刻变化，城镇家庭能源消费系统经历了由无序向有序演进的过程，主要表现为以煤炭为主逐渐转换成油、气、电三足鼎立的能源消费结构，生活能源消费结构已呈现燃油化的发展趋势。Zhao等（2012）根据1998～2007年的多种来源的产品和活动水平的数据，利用LMDI分解方法，对中国城市居民能源消费进行分解。研究发现，城市化、收入水平的提升以及能源消耗品拥有量的增加均显著提升了中国城市居民能源消费。他们认为，中国能源价格的改革可以限制中国居民能源消费的增长，因此未来应加大放松能源价格管制的力度及推进中国城市居民的节能减排政策。孙岩和江凌（2013）以沈阳市和大连市两地705位城市居民为样本，采用问卷调查和访谈的方法，通过对能源消费行为和能源消费心理的聚类分析，将城市居民分为低碳型、中间型和高碳型三类群体。研究发现，不同类型的城市居民群体在性别、年龄、家庭人口数、家庭类型、家庭收入、家中是否有儿童和家中是否有老人这7种家庭异质性因素上均存在显著差异：女性、年轻的和家庭规模较大的城市居民多为低碳型；低收入家庭的城市居民多为低碳型，高收入家庭的城市居民多为高碳型；"一老一小"是中国城市居民能源消费中的关键角色。Zhou和Teng（2013）利用2007~2009年四川省的调查数据，对中国城市居民电力消费需求进行估计。研究发现：家庭电力消费的价格和收入弹性都很低，因此阶梯电价的级差应较大才有效；对高能效家电的补贴和折扣可以帮助加速低能效家电的淘汰及节能。孙涵等（2014）研究发现，在社会进步的大背景下，城镇家庭能源消费行为选择趋向于清洁化、便利化。

农村家庭能源消费是中国能源体系的重要组成部分，受到国内外学术界的广泛关注。中国农村家庭能源消费在经历了严重短缺时期、基本满足时期，目前进入了商品化时期（王效华和冯祯民，2002）。随着中国经济发展、城市化进程的加快，农村家庭能源消费总量逐年增加，越来越多的农村家庭用能结构趋同于城镇家庭用能结构，人们考虑放弃现阶段低效的生物质能源的使用，转向方便、清洁、高效的商业能源和再生能源。不过，由于中国各地区之间的经济发展存在着巨大差异，按照中国农村的一般有效能需求标准，以低效的薪柴和秸秆这类生物质燃料为主的生活用能结构在今后相当长的时期内仍会延续。现有关于农村家庭能源消费的研究集中于农村能源消费结构、农村地域差异、各种能源替代以及农村能源政策等方面。

Wang和Feng（2001）利用1980~1996年中国农村家庭能源消费的水平及结构数据对中国农村家庭能源消费的阶段和特征进行了分析。研究发现：中国农村家庭能源消费分为三个阶段：能源短缺、基本充足的能源供给、商业能源消费的快速增长，并分析了三阶段的基本特征。中国农村家庭能源消费水平与结构和家庭收入有着密切的关系。

Byrne等（1998）基于生物质能源利用现状，结合资源禀赋，生态环境现状以及技术进步水平研究了生物质能源在农村地区不同区域的发展速度和潜力。

王效华和冯祯民（2002）从农村能源消费的角度研究了我国农村家庭的能源消费指标体系，收入水平对其能源消费结构的影响。

朱四海（2007）梳理了我国农村能源政策的演变，认为农村能源在国家能源战略问题中被简单化了，农村能源政策目标的多元化使得农村能源的发展受到束缚。

Chen等（2006）根据2000年江西省三个村的调查数据，利用简化型方程、OLS回归及Tobit回归研究了中国农村能源消费问题。回归结果显示：在离市场近的两个村子，离树林的距离与煤炭消费量正相关，同薪材收集量负相关；但在偏远地区的村子，离树林的距离对薪材收集量没有影响。在偏远地区的村子，是否拥有改良的炉灶对薪材消费量没有影响，在离市场近的两个村子，提升了薪材消费量。在偏远地区，耕地面积对薪材消费量有正向影响。在偏远地区，受过教育的家庭成员数目对薪材消费量有负向影响。

Tonooka等（2006）利用2003年冬天西安市周边农村的调查数据，对西安的农村家庭能源消费进行了研究。研究发现，在西安农村，生物燃料是主要燃料，煤炭是消费量第二多的燃料，LPG是消费量第三多的燃料。收入水平和能源消费不相关，但收入水平与LPG使用的优先度有正向相关关系。

李光全等（2010）以中国29个省份的农村居民能源消费为研究对象进行因子和聚类分析，发现中国农村家庭能源消费的区域差异十分明显，呈现出以华北—西南地区为轴线向两边逐渐递减的趋势，空间格局分布以农村人口、区域自然资源和经济水平为主导指向。

张咪咪（2010）计算了2000~2007年中国农村居民八项消费支出的间接能耗强度系数，寻找出技术水平的改进是降低能耗的关键因素。

Yao等（2012）利用2001~2008年国家统计局和农业部的能源消

费数据，研究了中国农村居民能源消费及碳排放问题。研究发现，农村居民转向商业能源消费的主要驱动力是收入水平，农村居民的能源消费结构显著表现出从非商业能源向商业能源的转变，相对应的，农村居民能源消费带来的二氧化碳排放量也显著上升。为了实现能源供给充足及二氧化碳减排的目标，应改变农村居民能源消费的结构并提升能源效率，如使用可再生技术发电及用现代生物燃料取代煤炭作为烹饪和取暖的主要能源。

Liu 等（2013）利用 2011 年山东省淄博市四个村的调查数据以及利用 IPCC（2006）的公式计算二氧化碳排放量。他们利用 OLS 回归及 Logit 回归，探究了中国北方农村家庭的能源消费的特征及低碳发展的潜力。研究发现：电力消费与家庭规模有正相关关系，且系数为 0.776（小于 1，反映了规模效应）；农村家庭的能源消费带来的二氧化碳排放将会随着收入和教育水平的上升而提高。

徐瑶（2014）为了研究目前低碳背景下如何更好地促进我国农村家庭能源优化升级，在全国 7 省农村家庭抽样调查问卷所得数据的基础上，利用线性支出模型对农村家庭能源消费的结构现状进行分析。研究表明：农村家庭能源消费已经步入商品化时期，但非商品能源的消费并未停止；煤炭、电力以及液化气等商品能源的消费随收入的增加而增加，而非商品能源（薪柴）沦为劣等品其消费随收入的增加而减少；电力以及煤炭的家庭人均消费支出较多；薪柴、煤炭、电力以及液化气的消费需求都随着自身价格的上升而减少，但对价格的变化都不太敏感；煤炭、电力以及液化气等商品能源间存在着互补关系，薪柴与其他种类的能源之间存在着明显的替代关系。

同时，还有部分参考文献对城镇和农村家庭能源消费进行了对比分析。Niu 等（2012）根据 2009～2010 年在西黄土高原的家庭调查数据，发现能源消费的阶梯特征显著，城市家庭的能源消费的属性大部分比农村家庭高级。收入水平对能源使用有重要影响，高收入的城市家庭使用高质量的能源，因此要提升能源使用状况，不仅要增加居民收入，还要加强当地的能源基础设施建设，尤其是农村的供暖设施。杨玉含等（2011）根据与青海省城乡家庭能源消费相关的 8 个部门的能源消费数据，从最终需求的角度评估了 2000～2008 年城乡家庭能源消费及其碳排放。研究发现青海省城镇与农村居民生活用能在总量和人均水平上均相差很大，并且由此产生的碳排放是城镇居民远高于农村居民。其中，城镇居民生活用能主要集中在食品、娱乐教育文化服务、衣装 3 个部门；而农村居民生活用能主要集中在食品、居住和交通通信 3 个部门。如果青海省农村居民能源消费水平达到青海省城镇居民能源消费的最低水平，会引起能源消费量及碳排量的急剧增加。

3. 居民直接与间接生活能源消费特征

家庭能源消费通过两种途径对总体能源消费产生影响：居民直接生活能源消费，主要包括家用电器、私人交通工具、住房的供暖等产生的直接能源消费；间接生活能源消费，主要指由于住房、汽车、家电等产品的需求增长带来的相关高耗能产业，包括钢材、水泥等产业的快速发展。随着经济发展和居民可支配收入的增加，对能源的需求不断增强，不仅体现在直接用能上，也体现在满足生活需求的经济活动中产生的间接能源消费。

与居民生活间接能源相比，虽然直接生活能源消费占总能源消费的比重较小。2011 年，中国家庭能源消费占总能源消费的比重只有 10% 左右，但是，居民生活直接能源消费结构的变化却直接体现着居民消费偏好的变化，反映出经济发展水平和人们的生存质量，同时又关系到环境保护和节能减排。国内外关于居民家庭能源消费的研究多集中在直接用能上，包括用能结构、数量、成本及其环境经济效应，能源利用效率和用能技术的改进，可再生能源和生物质能的开发利用，能源政策管理等方面，但对间接能源消费的研究不多。

Reinders 等（2003）对比分析了欧盟 11 个国家的情况，发现家庭的直接和间接能源消费差异巨大。Lenzen等（2004）运用详尽的家庭支出数据，求出细分的直接和间接能源消费。李艳梅和张雷（2008）对中国居民间接生活能源消费的增长原因进行了实证分析。结果表明，促使间接生活能源消费增加的因素有居民消费总量增加；消费结构变化；城乡消费比例变化和中国生产技术变化。抑制能源消费增加的因素唯有以直接能源消耗系数大幅下降为标志的节能技术进步。

Liu等（2009）利用1992年、1997年、2002年、2005年投入产出表数据及2005年的相关经济数据，使用能源投入产出分析的方法对中国家庭间接能源消费及能源政策效果进行了研究。研究发现中国城市和农村家庭间接能源消费，多于直接能源消费，且城市均多于农村。他们计算出各部门的能源单位产值能耗，发现在能源价格和能源效率均提升的情况下，经济增长和环境保护的目标均能实现。张馨等（2011）测算了中国居民家庭的间接能源消费以及相应的碳排放量，研究了城乡居民家庭两部分能源消费的结构和变化趋势以及相对应的碳排放。结果表明：2000~2007年，城镇居民家庭的直接能耗和间接能耗都呈上升趋势，农村居民家庭的直接能耗逐年增加而间接能耗逐年下降。在不考虑其他因素的前提下，一个农村居民转变为城市居民，将会增加能源消费量1085.26千克标准煤。城镇和农村居民家庭的直接和间接能源消费结构反映了城乡居民生活水平的差异，从能源消费的变动趋势可以看出人们的消费行为逐渐由生存型消费转变为发展型消费。

杨亮和丁金宏（2014）采用信息熵等理论，研究了上海市1997~2009年城镇居民直接生活能源消费结构的演变趋势。研究结果显示：1997~2009年上海在家庭能源消费总量增长的同时，消费结构也发生了深刻变化；城镇家庭能源消费系统经历了由无序向有序演进的过程，主要表现为以煤炭为主逐渐转换成油、气、电力三足鼎立的能源消费结构，生活能源消费结构已呈现燃油化的发展趋势。孙涵等（2014）以1996~2010年为样本，对中国家庭能源消费进行测算，发现城镇居民生活直接和完全能源消费呈现上升趋势；间接生活能源消费呈现先期增长较快，2004年以后波动略降的趋势。中国居民的消费行为倾向由生存型消费逐步向发展型和享受型消费转变。秦翊和侯莉（2013b）认为居民家庭生活能源消耗可以分为直接能耗和间接能耗，随经济水平提高两者均呈现不断增加的趋势，其中间接能耗远高于直接能耗。影响城镇居民能源消费最重要的是居民可支配收入。实证结果表明，城镇居民间接能耗的收入弹性是一般消费收入弹性的三倍，说明收入提高使消费者选择了更多高能耗产品，主要集中在交通通信、医疗保健、居住类开支。因此，他们认为我国应该在提倡可持续消费、开发和推广节能技术以及产业结构调整方面努力争取降低家庭间接能耗。

范玲和汪东（2014）利用消费者生活方式方法（CLA），测算1993~2007年我国居民间接能源消费碳排放量，以及城镇和农村居民人均碳排放量的变化趋势；以1993年为基年，对我国居民间接能源消费碳排放量的变化进行分解分析。研究结果表明：居民间接能源消费碳排放量整体呈上升趋势，城镇和农村居民人均碳排放量也逐年增加，其中2007年城镇居民人均碳排放量是农村居民的三倍；研究期间，人均消费水平、城镇化率、居民消费结构和人口规模是拉动居民间接能源消费碳排放量增加的主要因素，而能源消费强度和碳排放强度是抑制碳排放量增加的主要因素。其中2003~2007年碳排放强度起到正效应；居民消费结构表现为负效应，对减少碳排放起到一定作用。

第三节　家庭能源消费的影响因素研究

影响居民能源消费的各种因素，包括人口特征、经济、技术、生活方式等各个方面，具体而言包括类似于家庭人口、规模、年龄、家庭收入支出、燃料价格、为获取燃料所花费的个人成本和终端能源使用设备的热效率等。

人口因素虽然不一定是家庭能源消费的决定性因素，但作为基础性参数，观察人口数量、人口结构、人口变动对家庭能源消费的影响有积极的预见性。Pachauri 和 Jiang（2008）对印度的研究表明，人口增长是居民家庭能源消费需求上升的重要因素。Lenzen 等（2006）比较分析了巴西、丹麦、日本、印度、澳大利亚各国家庭能源消费的影响因素，发现规模较大的家庭人均能源消耗较小。傅崇辉等（2013）构建了生活能源消费与人口敏感性关系的理论模型，并实证检验。研究发现，人口自然变动、城镇化和老龄化对生活能源消费具有多重敏感性，不能单以人口数量的增加作为判断家庭能源消费变化的唯一指标。秦翊和侯莉（2013a）通过量化人口因素的影响，表明城镇化率、抚养比、受教育程度都是影响家庭能源消费的重要变量；城镇化率和抚养比与人均家庭能耗成正比；受教育年限与居民总能耗成正比，与间接能耗成反比。

经济因素包括宏观经济增长和微观家庭收入支出等方面。除了前文中提到的经济增长、城市化等宏观方面的因素外，微观方面亦有大量实证研究证明经济变量与家庭能源消费的相关性。李光全等（2010）选取了中国29个省份的农村居民能源消费为研究对象，进行因子和聚类分析。研究结果表明：我国农村家庭能源消费现状水平的主导影响因子为消费强度、消费结构、消费总量和增长速度，累计贡献率达到87%。赵晓丽和李娜（2011）从居民终端能源消费方式（七大类共18种产品）入手，运用对数均值迪氏指数因素分解法分析了1993~2007年中国家庭能源消费快速增长的影响因素。研究认为，人均消费支出的增长，即居民生活水平的提高和居民购买力增强，消费结构向能源密集型产品转变是导致家庭能源消费快速增长的最重要因素。岳婷和龙如银（2013）建立了我国居民人均生活用能量与其影响因素之间的 VAR 模型，对其进行 Johansen 协整关系检验和格兰杰因果关系检验，并以江苏省居民人均生活用能影响因素实证分析为例，进行补充检验分析。研究结果表明，人均消费支出的增长、人均生活能源消费结构的变化与生活能源消费量之间存在长期的协整关系，并且两者均是人均生活能源消费量变化的格兰杰原因。其中，人均消费支出存在较明显的正效应，随着人均消费支出的增加，人均生活能源消费量会有所增长，但增长速度缓于实际消费支出的增加；人均生活能源消费结构的影响作用较弱，随着煤炭占比的减小，电力、天然气等高品质能源的消费量将不断增加，总体能效水平也将有所提升。

技术因素主要体现在能源消耗强度的降低上。随着产业结构调整和技术的革新，能源效率不断提高，能耗强度不断降低，带来家庭能源消费的减少。但在实际经济活动中，人们看到的却是矛盾的现象——能耗强度的降低往往伴随着家庭能源消费的增加，称之为"反弹效应"，本报告在下一节中将具体探讨。

在生活方式上，Jalas（2005）采用投入产出生命周期法将居民时间分配数据与家庭能源消费数据进行衔接和匹配，把各类日常生活的能耗强度转化为单位时间的能耗，从而把生活方式与家庭能源消费结合了起来。研究发现，20世纪80年代芬兰人生活方式的时间分配发生变化，导致了家庭能源需求的增加。Chang等（2013）根据2007年的中国经济数据及家庭能源消费数据，利用投入产出生命周期评估模型研究了中国居民建筑在生命周期内的能源消费。研究发现：2007年城市和农村居民新建建筑的生命周期能源消费分别为53 400万吨和52 600万吨等价煤。城市居民建筑生命周期能源消费的主要组成部分为日常能源消费，提高建筑外墙和供暖系统效率能有效降低家庭能源消费。

第四节 家庭能源消费行为的挑战

1. 生态环境影响

全球气候变暖是目前全世界关注的热点。中国作为世界上经济增速最快的国家，改革开放三十多年来，我国年均 GDP 增长率保持在 7% 以上。伴随着经济快速发展的是能源消费的迅速增长和环境污染的日益严重。解决能源消耗、环境污染与经济增长之间尖锐的矛盾已成为中国当前最紧迫的任务。因此，准确把握家庭能源消费总量和消费结构，了解家庭能源消费的环境污染和碳排放基本状况，对建立"节约型社会"，促进地区经济社会环境协调发展具有重要意义。

牛叔文等（2007）根据在通渭县李店乡祁咀村的问卷调查，估算了一个村域农村生活能源资源潜力和实际消费量。研究结果表明，该村家庭年消费能源 2.061 吨标准煤，生物质能占用能总量的一半，煤炭也有较大比重，清洁能源的比例少，对生态环境的负面影响大。

杨继涛等（2008）通过对滇西北老君山地区典型农户的调查，初步探究了该地区农村生活能源消费现状。研究结果表明，该地区薪柴在生活能源消费结构中占 96.9%，能源消费结构极不合理，可谓单一能源消费结构，薪柴的大量燃烧带来了负面的生态环境影响。

吴燕红等（2008）以滇西北的兰坪和香格里拉的能源使用情况作为研究对象，分析了在经济仍处于贫困状态的少数民族聚居的西南山区生活能源利用的特点。研究结果表明，兰坪和香格里拉薪柴的使用分别达 85% 和 98%，而以太阳能、沼气、水能为代表的可再生能源的使用仅有 7.0% 和 1.8%，由此产生了一系列的环境问题。

Zha 等（2010）利用 1991~2004 年居民能源消费数据，使用 LMDI 分解方法，对中国城市和农村居民二氧化碳排放的决定因素进行了研究。研究发现，单位产值能耗效应对二氧化碳排放量的降低起最大作用，收入效应对二氧化碳排放量的增长起最大作用，人口增长推动了城市居民二氧化碳排放量的上升。

张馨等（2011）的研究结果表明，2000~2007 年，中国家庭能源消费产生的碳排放总量也在逐年增长，2007 年城镇居民家庭的直接能耗和间接能耗产生的碳排放量分别达到 8535.04 万吨和 56 678.76 万吨，农村分别为 6883.41 万吨和 8117.94 万吨。

Golley 和 Meng（2012）根据 2005 年中国城市家庭和支出调查数据，使用投入产出加家庭支出分析方法，对二氧化碳排放问题进行了研究。研究发现，高收入家庭的二氧化碳的人均排放水平高于低收入家庭，但高收入家庭的间接排放强度较大，低收入家庭的直接排放强度较大；收入提高会提高边际排放倾向，在控制收入不变后，拥有更大住房面积及更多老年人的家庭有更高的直接和间接排放量；降低收入的不平等对城市家庭二氧化碳的总排放量不会有显著的影响。

Dai 等（2012）使用动态的 CGE 模型来模拟总的能源消费和二氧化碳排放如何被居民消费模式改变所影响。研究发现：随着未来几十年收入水平的上升，直接和间接的家庭能源需求和二氧化碳排放也会急剧上升；家庭消费将会占据经济中一个更大的份额，大多数商品的人均消费量到 2050 年将会增长 10~25 倍，由此也带来了更多的能源消费和二氧化碳排放。

Zhu 等（2012）根据中国 1992 年、1997 年、2002 年、2005 年的投入产出表数据，利用结构分解的方法，对中国居民消费的非直接碳排放进行了计算和分解。居民消费水平的上升是非直接碳排放增长的主要原因，工业部门排放强度的降低显著降低了碳排放水平，人口不再是碳排放增长的主要原因。

孙涵等（2014）指出随着社会进步，家庭能源消费中的家用电器种类和数量不断增加，更新速度持续加快。但是，热力和电力作为二次能源，大部分由煤炭转化而来，虽然对于用户是清洁的，但是对于整个环境的负面影响仍然是增加的。

章永洁等（2014）在对京津冀地区农村的生活能源消费情况调研分析的基础上，指出农村地区以煤为主的生活能源消费结构造成了环境污染甚至危害健康，同时能源利用效率的低下也造成了能源的大量浪费。

Feng 等（2011）利用消费者生活方式方法计算我国居民生活间接能源消费的二氧化碳排放情况，并利用灰色关联模型定量探究不同消费方式的能源消费和二氧化碳排放的关系。

2. 反弹效应

还有学者注意到了能源消费的反弹效应。反弹效应是指能源效率的提高使得能源服务的有效价格降低，从而增加了能源服务的需求，进而部分或者全部抵消了预期能源效率提高所导致的能源消费的减少的现象（孙锌和刘晶茹，2013）。

该现象最早于1865年被Jevons发现，他指出技术的进步提高了煤炭使用效率，但是却带来了更多的煤炭消费。Khazzoom（1980）评估美国家电强制能效标准时，指出了提高能源效率的措施会导致能源需求的增加。Schipper等（1997）指出在1970~1991年，OECD国家能源产品和服务的效率提高了30%，但这段时间能源消费反而增加了约20%。Greene等（1999）使用联立方程分析了美国家庭交通能源消费的反弹效应，研究发现存在20%左右的反弹效应。Brännlund等（2007）检验了瑞典居民生活消费的反弹效应以及碳硫氮化物的排放情况，研究发现存在48%左右的反弹效应。Jin（2007）考察了韩国居民生活电力消费的反弹效应，研究发现在总体水平上，存在着30%的长期反弹效应和38%的短期反弹效应；在具体项目上，空调的反弹效应达到57%~70%，冰箱存在收入和反弹的混合效应。Ouyang等（2010）指出自2000年以来的中国家庭能源消费不断增长的势头不光是经济增长引起的生活改善需求，同时还有能效提高带来的反弹效应。他们参考其他国家的状况，总结出中国家庭能源消费的直接反弹效应至少为30%。Yu等（2013）根据2010年北京的家庭能源消费调查数据，利用基于Logit和资源分配的结合模型对家庭能源消费的直接和间接的反弹效应进行了估计。空调、洗衣机、微波炉和汽车存在直接或间接的反弹效应，平均的直接反弹效应的上界分别为60.76%、106.81%、100.79%、33.61%，平均的总反弹效应的上界分别为

88.95%、100.36%、626.58%、31.61%；其中，洗衣机和微波炉的能效提升反而会提高家庭能源消费他们认为提升家电的能效依然是降低家庭能源消费的有效手段，政策应鼓励购买能效高的产品，并出台相关政策控制家庭能源消费的数额，如能源税、加强节能教育、监控家庭能源消费及污染排放等。薛丹（2014）基于国际上已有研究成果，总结能源效率回弹效应定义的三种演化形式，即能源服务需求的能源效率弹性，能源服务需求的能源服务价格弹性以及能源需求的价格弹性。在数据获取局限的情况下，能源需求价格弹性是在中国进行居民生活用能回弹效应实证研究的理想定义。她在考虑全国居民生活用能特征和城乡能源消费的差异以后，总结了生活能源消费的影响因素，并建立多元线性回归计量经济学模型。从宏观角度来看，我国居民生活用能能源效率回弹效应并不大。因此，我国在家庭能源消费领域应继续坚持已有的节能增效战略和路线，必要时可以碳税、清洁能源补贴和阶梯电价等为手段，预防能源效率回弹效应的升高。

3. 能源结构转变

家庭能源消费结构可以直接反映出经济发展水平和人们的生存质量，同时又关系到环境保护和节能减排。在保证人们生活质量的前提下，怎样推动生活能源消费结构向高级化、合理化的方向发展，尤其对中国这样一个以非商品能为主要家用燃料、商品能紧缺的国家来说，具有重要意义。

Sathaye 和 Tyler（1991）对家庭能源消费形式变化进行研究。Brockett 等（2002）利用1999 年夏天在中国的 5 个城市（沈阳、北京、宜兴、上海、广州）的调查数据，基于描述性统计分析，展现了坐落在不同气候区的 5 个中国城市在家电数量和使用上的差异，以及这 5 个城市能源使用从煤炭到电力及天然气的转变趋势。耿海清（2004）通过信息熵的引入，对城市家庭能源消费结构的演变进行了定量分析。Nakagami等（2008）总结了家庭能源消费结构变化的四个阶段：①电力化；②烹饪和取暖从生物燃料转向更清洁的能源；③因生活水平和居住面积的提高在实际能源需求尤其是电力需求上的增长；④从直接的燃烧型燃料转向电力。杨亮和丁金宏（2014）采用信息熵等理论，研究了上海市1997~2009年城镇居民直接生活能源消费结构的演变趋势，结果显示上海城镇家庭能源消费系统经历了由无序向有序演进的过程；主要表现为以煤炭为主逐渐转换成油、气、电力三足鼎立的能源消费结构，生活能源消费结构已呈现燃油化的发展趋势。刘静（2014）实地调查了河北、湖南、新疆三个不同地区12个村庄360个农户能源消费情况，力图探索我国农村能源消费变动的规律，寻求既满足农村居民生产生活和农村可持续发展的能源需求，又能实现农业节能减排和低碳农业农村能源消费优化升级之路。

第五节 节能政策研究及政策建议

在中国现阶段的用能技术水平下，由于经济的快速发展必然会导致能耗增加，而能耗增加必然导致碳排放的增加。2010年中国二氧化碳排放量超过世界总量的20%，接近75亿吨，这使得中国面临着越来越大的国际减排压力。实现经济发展与节能减排的双赢，关系到我国可持续发展的大局。很多学者对家庭能源消费的节能政策进行了实证评估，并提供了实现低碳发展的政策建议。

Lu（2006）介绍了中国冰箱能效标准，并用数理模型估计出该标准的节能潜力和环境影响。在考虑了技术进步的情况下，发现能效标准有很大的节能潜力，2003~2023年，能效为一级的产品可节能1292.9万亿瓦·时，二级产品节能785.9万亿瓦·时，三级产品节能494.6万亿瓦·时。此外，能效标准对二氧化碳、硫氧化物、氮氧化物、可吸入颗粒等污染物的减排效果也是十分显著的。Saidur 等（2007）的研究发现，政策干预，如能源效率标准和提升空调和冰箱的温度设定值可以显著节能并且降低多种空气污染物（二氧化碳、一氧化碳、二氧化硫及氮氧化物）的排放量。Zha 等（2010）研究发现，发电过程中使用的燃料的类型和质量、消费能源结构的转换、推升能源效率、改变居民能源消费行为、加强节能和环保的宣传均对减排有促进作用。Yang 等（2010）介绍了一种中国住宅建筑的能源效率评价指标和权重确定方法。他们提出了在中国夏热、冬冷地区试用的居住建筑节能评价指标，可用于在建建筑物的能源效率评估决策的参考；同时，通过调整权重指标，该方法可以推广到中国其他地区。Feng 等（2010）利用辽宁省 600 户家庭的调查数据，并结合政府机构的实地调研及对政府官员的访谈，发现受访的家庭中有很大一部分有节电或购买能效更高的产品的意愿，但是受到了一系列互相联系的障碍的制约，这些障碍包括技术、社会、政治和经济上的障碍。他们认为中国的电价依然较低，会侵蚀在能效投资上的激励，政府关于促进节能的政策和项目需要增加和优化，并要能随着消费者的变化而进行调整。

　　Dai 等（2012）指出随着家庭转向可持续和低碳消费模式，第三产业的比重将会上升，第二产业的比重将会下降，CGE 模型的模拟结果发现，2005~2050 年，大约有 21 000 百万吨标准煤的节能效果及 450 亿吨的二氧化碳减排效果，碳价格将下降 13%，减排带来的 GDP 损失也由 6% 降到了 5%。除了供给层面的政策外，如非化石能源的发展和能源效率的提升，需求层面的政策也不容忽视，应进一步推进低碳的消费模式。Hori 等（2013）发现全球变暖的意识、环境行为、社会作用会正向影响节能行为，收入和年龄对节能行为有弱的正相关效应，社会的作用对节能行为有显著影响，尤其是在大连和重庆的农村地区，这一影响最为显著。Ma 等（2013）利用 2009~2010 年重庆市的调查数据，研究了中国消费者对节能的态度，研究发现：重庆市居民缺乏节能的信息及引导，并且在节能信息来源及对信息的信任度上存在异质性，因此政府需要调整节能宣传的方法。Yue 等（2013）利用 2012 年江苏省 6 个城市的网络调查数据，在理论框架分析的基础上构建指标后进行 OLS 回归，回归结果显示，年龄、性别、收入水平、家庭结构、教育背景对节能行为有重要影响。他们认为在现阶段，减少使用量是最为常见的节能行为。节能政策对不同的群体有不同的效果，其中补贴及节能教育是较为有效的。Liu 等（2013）认为低碳生活方式的转换的关键在于农村家庭的能源结构转换提升。煤炉的效率和所使用煤炭的质量能有效降低室内取暖带来的碳排放，一些加强产品和技术的环保要求的政策能有效减少农村地区的碳排放，国家层面提高清洁和可再生能源的比重的战略对此也有很大帮助。Zhang 等（2013）研究发现单一的国家层面的二氧化碳减排目标比各省份分别制定的碳减排目标能带来更小的社会总福利的减少。在减排背景下，社会福利变化对资本流动性很敏感，建立一个全国性的碳排放交易市场能显著降低减排成本。但是，他们提出的国家的减排目标较难在各省份之间进行分配。

综上所述，我国学者在家庭能源消费行为的特征、影响因素、机遇与挑战、引导政策等方面都取得了很多有价值的研究成果；但是仍然存在很多突出的问题。现有研究方法分散，缺乏理论支撑，更多的是从家庭能源消费的实施阶段出发进行实证分析，对于居民生活消费的动因、约束和路径等缺乏深层次的分析，没有建立起家庭能源消费的动态的综合研究模型。

第三章

家庭能源消费基本特征

第一节 问卷设计与实施

第一次全国居民能源消费调查（Chinese Residential Energy Consumption Survey，CRECS）由中国人民大学能源经济系发起，并于2012年12月~2013年3月实施。本次调查的调查问卷表主要参考了美国2009年居民能源消费调查问卷，同时根据中国的实际情况进行了调整。问卷共有324个问题，包括以下6个组成部分：家庭人口特征、住房特征、家电拥有情况、空间取暖与制冷、私人交通出行概况、家庭电力消费量以及对相关能源政策的了解情况。为清晰地描绘家庭能源消费结构，本报告对每种用能设备的信息进行了收集，包括用能设备类型、使用频率和使用时间、不同类型能源的花费等。

为了较好地反映不同地区的用能情况，CRECS课题组主要根据第6次全国人口普查数据中公布的各省人口占总人口比重来确定各省样本分布。2012年12月，课题组共招募了120名就读于中国人民大学的本科和研究生参与此次调查。他们来自我国的26个省份，并于2013年2月的寒假期间在各自的家乡展开了调查。为了保证调查的质量，课题组对所有的调查员进行了为期一天的问卷培训，在高强度的培训中，他们充分理解了问卷中所有问题的含义，掌握了一定的访谈技巧，并学会了利用智能手机或GPS设备来定位受访家庭地址。

各省的受访家庭主要基于调查员的社会网络来选取。课题组首先要求调查员对可能的被访家庭进行联系确认，只有满足以下条件才能参与调查：第一，该家庭必须能够提供2012年的电费账单或电力消费记录；第二，该家庭的能源消费主要是用于生活而非生产用途；第三，受访家庭在2012年必须在该住所居住时间超过6个月；第四，同一居民小区只能选择一个家庭进行调查。前期共联系了1640户家庭参加本次调查，为了鼓励被访家庭参与调查并提供完整信息，每户参与调查的家庭将在回答完问卷后得到一份价值50元的手机充值卡，调查员也能获得每份问卷50元的报酬。所有入户问卷均在2013年2月寒假期间进行，3月开始回收问卷，由于各种原因，最终有1542户家庭配合完成了调查。之后对每个调查员的问卷按照10%的比例进行随机抽样回访，在验证完问卷有效性和真实性后，最终有1450份样本用于后续的分析。其中城市样本占比64%，镇样本占比16%，农村样本占比20%，为了便于分析，将城市和镇合并为城镇组，最终城镇、农村样本占比分别为80%和20%。

第二节 受访家庭特征

受访家庭平均规模为2.65人/户，其中：两人家庭成为最主要的家庭形式（图3-1），家中常住人口为两人的家庭占据了总数的45.8%；其次是三口之家，占总数的31.8%；而人数较多的四人甚至多人家庭数量明显较少。这反映了我国现阶段以2~3人为主的家庭人口结构，较之以前的多人家庭有了较大变化。同时，值得注意的是7.2%的一人家庭，代表了社会上存在的单身或独居现象的普遍性。预计在未来的一段时期，由于毕业生数量激增、离婚率持续上升、外出务工等因素引起的家庭人数离散化会进一步加剧。

图3-2是常住人口与户主的关系分布图，可以看出，户主本人、配偶、子女成为这一项的绝对多数，三者加在一起占据了总人数的

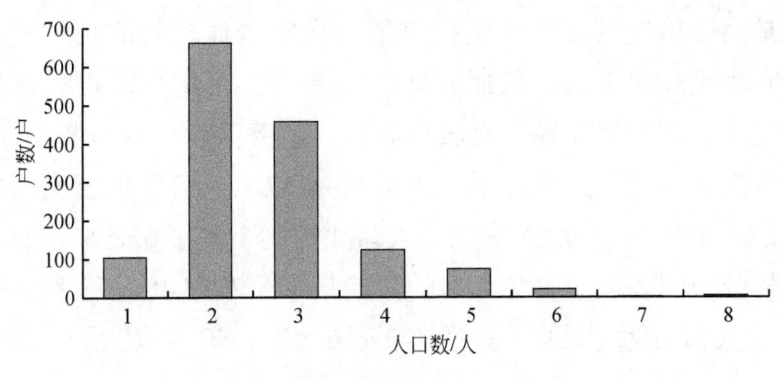

图 3-1 家庭常住人口数分布

84.8%，这与之前提到的受访家庭以两人、三人家庭为主的家庭结构紧密相关。而父辈乃至孙辈等的人数也因为现在家庭离散化、小型化的趋势而明显减少。家庭常住人口关系反映了我国现有家庭结构的现状与发展趋势。

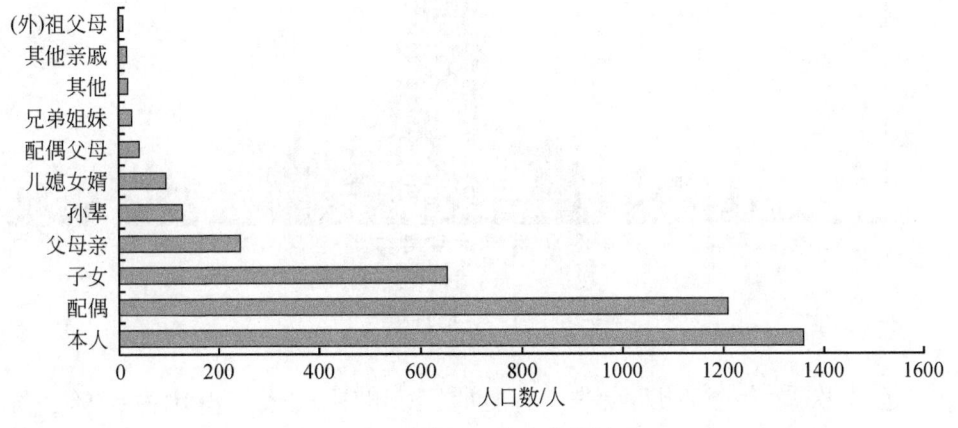

图 3-2 常住人口与户主的关系

我国公布的第六次全国人口普查数据显示，我国男性人口比例为51.27%，女性人口比例为48.73%，总人口性别比为"男：女＝105：100"，呈现出男多女少的人口结构，预计在2020年前后这一比例还将继续攀升到110～115：100。本次调查中，在所有的常住人口中（有效人数共3773人），男性1828人、女性1945人，比例约为92：100。

这可能是由于男性的工作性质决定了其在家居住时间的相对短暂，大部分时间用于外出务工、长期驻外、出差等，而女性则相对有着更多的居家时间，多用来照顾子女教育起居、家务劳动、赡养老人等。

第六次人口普查数据显示，我国60岁以上人口比重较上一次人口普查上升了2.93%，而14岁以下人口比重则下降了6.29%。图3-3的人口年龄分布图表明，常住人口的年龄集中分布在40~55岁，这个年龄段内的人数比重占到了总样本的46.2%，40岁以下人口比重为34.8%（其中14岁以下人口比重为9.4%），60岁以上人口比重为13.7%。总体而言，样本家庭成员的平均年龄为41岁。

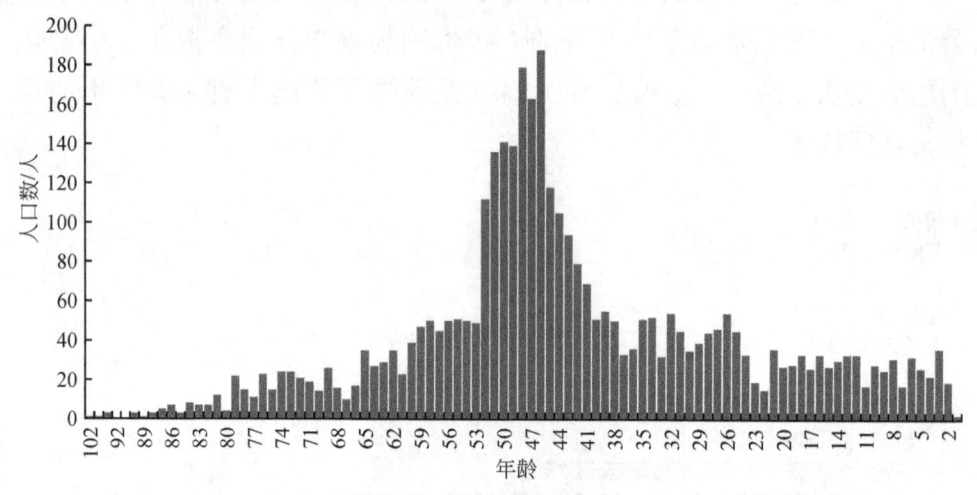

图3-3 常住人口的年龄分布

在本次受访的3767人中，有全职工作的家庭成员占比为62%，完全没有工作和失业的家庭成员为931人，占被访家庭成员总数的25%。图3-4进一步绘制了家庭成员的工作单位性质分布，可以看出，国家机关或事业单位（27%）和国有企业（21%）占据了近一半的比例，紧随其后的是私营企业（15%）和个体经营（11%）。

图3-5考察了常住人口工作所在的行业类型分布。除了第一产业的农业（农、林、牧、渔）和第二产业的制造业较为集中之外，其余各行业分布较为分散。就业于第一、第二、第三产业的人口比重为18∶24∶58。

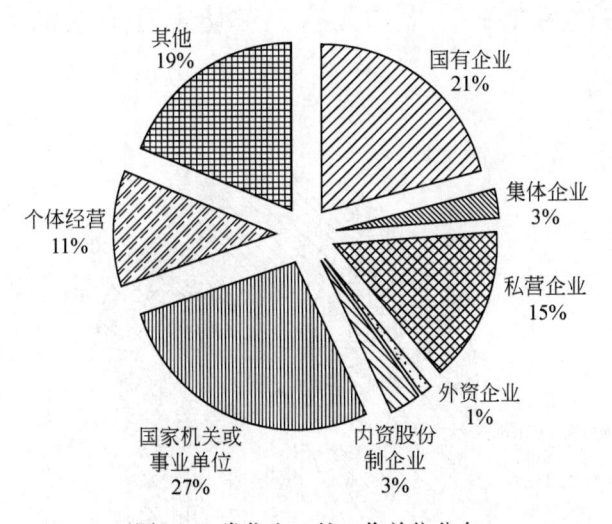

图 3-4 常住人口的工作单位分布

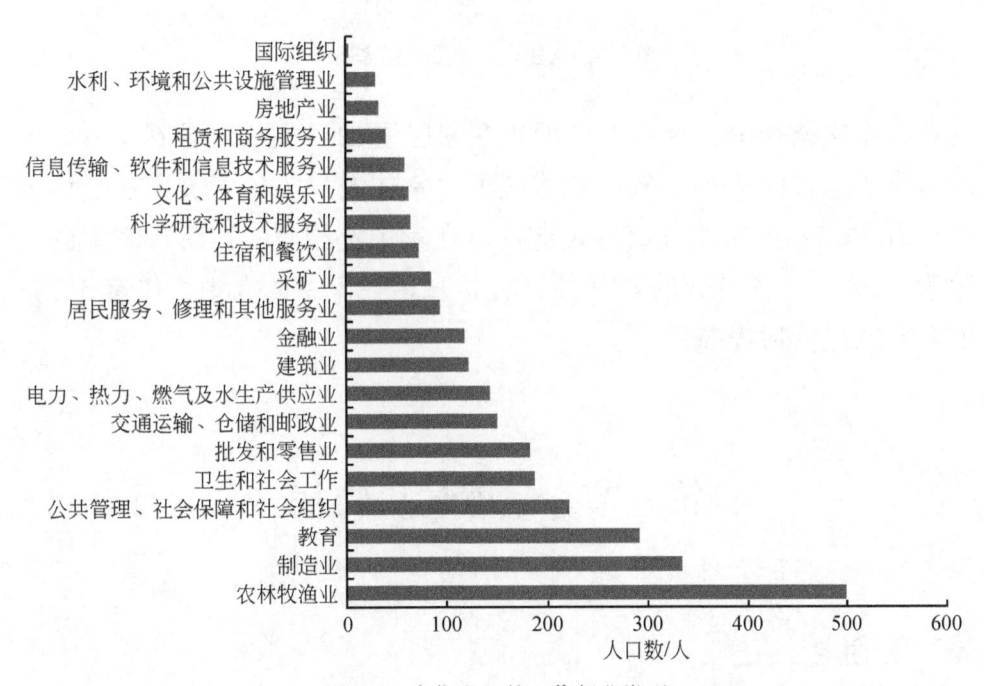

图 3-5 常住人口的工作行业类型

图 3-6 绘制了被访家庭成员的受教育水平分布。从调查结果来看，有 66% 的被访家庭成员接受过高中及以下教育，获得大学及以上教育

的家庭成员占比为21%。平均而言,被访家庭成员的受教育年限为10.2年。

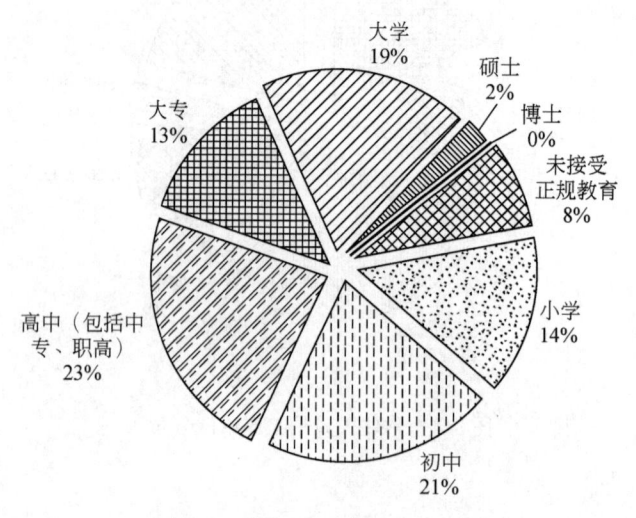

图 3-6 常住人口的受教育水平

在本次调查中,有近90%的人在家居住12个月,居住6个月以上的占到了总数的95%,较好地体现了"常住人口"的意义。在受访者中,有46.3%的家庭表示有人整日留在家中;相应的,留在家中的人数为1128人,占总数的87.9%;在整日留在家中的人中,仅有5.7%的人在家进行远程办公。

第三节 家庭住房特征

1. 住宅

在本报告调查统计的1446个家庭中,居住在城市(县级市及以上)的样本有928个,占样本总量的64.2%;农村和城镇的样本家庭分别占比为19.6%和16.2%。从迁入住宅的时间来看，有753户家庭是在2000~2009年迁入当前住宅的。

就住宅的建筑层数来看（图3-7），有49.8%的被访家庭居住在多层住宅（4~6层），有30.5%的家庭居住在低层住宅（1~3层），有80%的被访家庭所在的建筑不超过6层楼。中高层、高层以及超高层住宅的家庭占比相对较少。

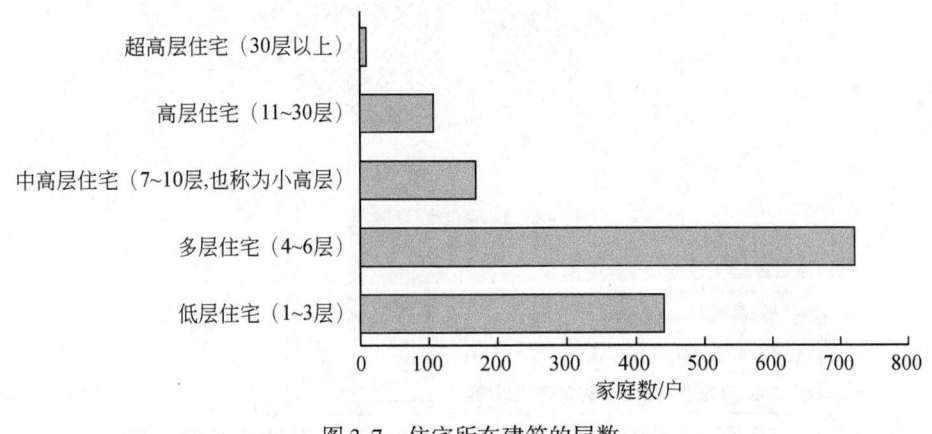

图3-7 住宅所在建筑的层数

被访家庭的住宅政策属性分布见图3-8。可以看出，商品房、自建房和已购公房（房改房）所占比重较大，分别为41%、26%、19%，总和达到了86%。相比之下，经济适用房、住宅合作社/集资建房以及廉租房所占比例较小，仅占总数的12%。

被访家庭平均拥有1.1个客厅、2.3个卧室和0.4个书房/会客室，"一室两厅"是最主要的住房结构。被访家庭的住房建筑面积和实际使用面积大致呈正态分布（图3-9），其中90~120米^{2}的住户数量最多。平均而言，被访家庭住房的建筑面积为117.6米^2，使用面积为103.7米^2。

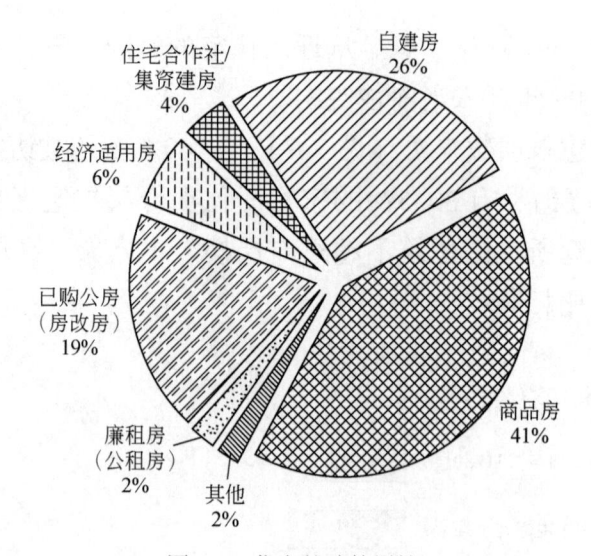

图 3-8　住宅的政策属性

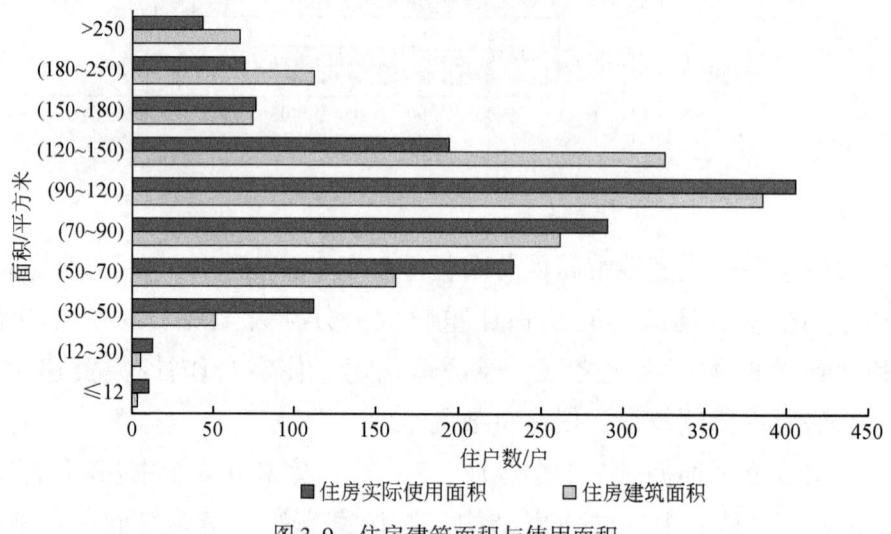

图 3-9　住房建筑面积与使用面积

2. 窗户

从房间主要窗体的朝向来看，分别有 48% 的住房客厅和 53% 的住房卧室朝南（图 3-10 和图 3-11），这主要是考虑到房屋采光的问题。

相比之下，书房/会客厅的朝向主要是北向，地下室大多无窗。

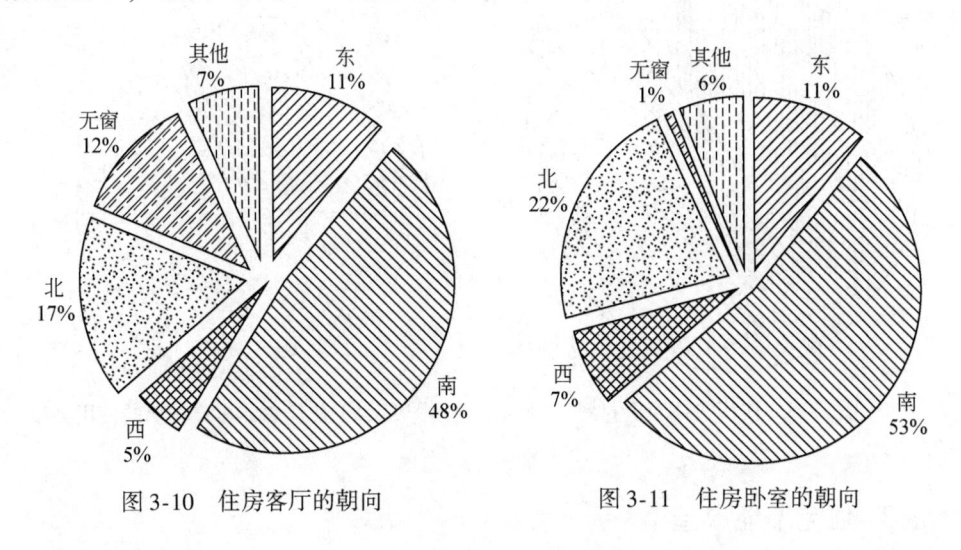

图 3-10　住房客厅的朝向　　　　图 3-11　住房卧室的朝向

如图 3-12 所示，在这些住户中，73% 的住户自从迁入该住房以来从未更换过窗户或玻璃，剩余 27% 的住户则曾经部分（或全部）更换过窗户（玻璃）。

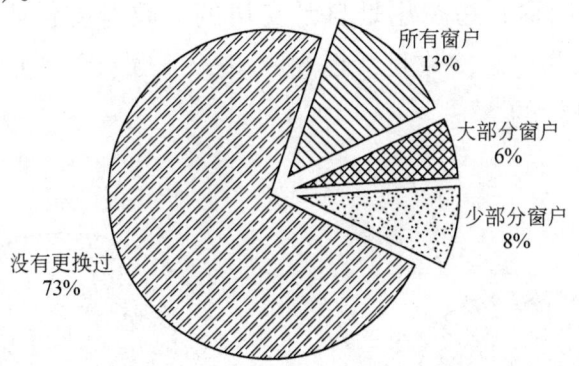

图 3-12　住房内窗户更换的比例

通过对窗框材料的统计，发现住房总体窗框材料以铝合金为主，占样本总数的 48%；其次为塑钢和木质窗框，分别占比 34% 和 14%（图 3-13）。从窗户玻璃类型来看，单层玻璃使用数量最多，占到了总数的 66%；其次为双层玻璃，占比 33%（图 3-14）。

图 3-13 住房总体窗框材料

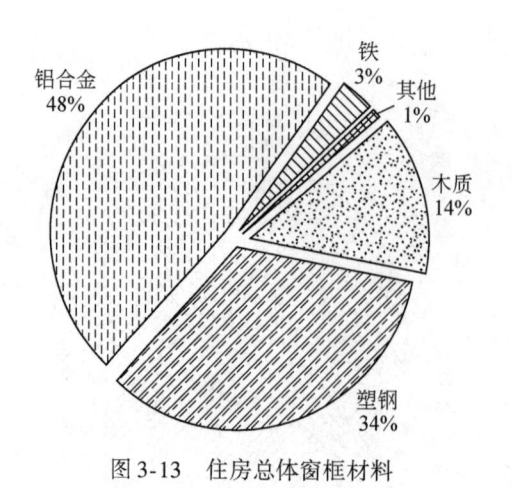

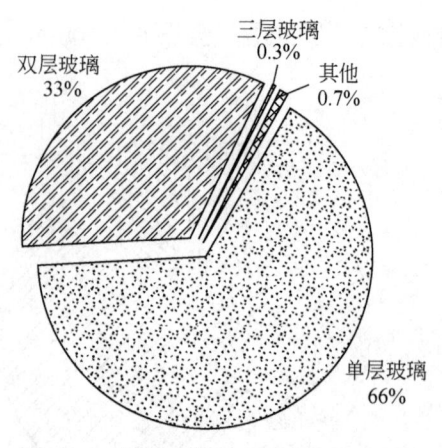

图 3-14 住房总体窗户玻璃的使用类型

3. 住宅节能改造

图 3-15 和图 3-16 表明，76%的被访家庭没有对门窗进行过封边处理，在剩余的 24%曾经对门窗进行过封边处理的家庭中，有 93%的住户最近一次的门窗封边费用是自己支付的，政府支付或者其他人代为支付的比重仅为 7%；并且，近 90%的住户最近一次门窗封边是在 2000 年之后进行的。

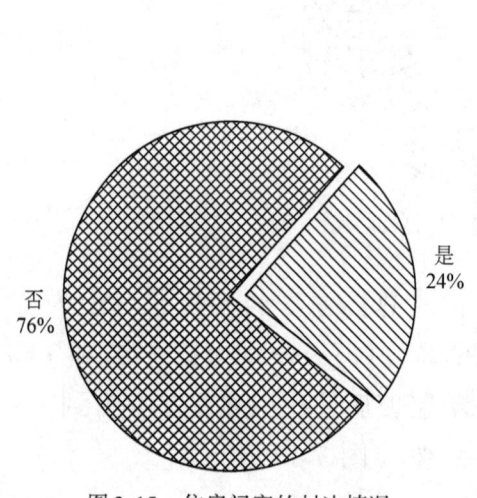

图 3-15 住房门窗的封边情况

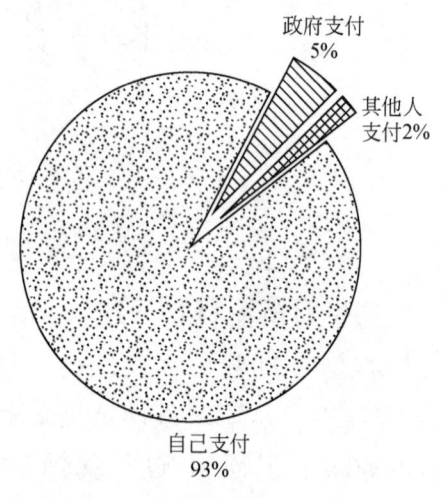

图 3-16 住房门窗封边费用的来源

图 3-17 和图 3-18 考察了住房外墙保暖改造情况。结果显示，93%的被访家庭从未对外墙进行过保暖改造。在曾对外墙改造的住户中，有 65%的住户最近一次的改造费用是由政府公共改造工程支付的，自己支付改造费用的住户占总数的 28%。此外，68%的住户最近一次的外墙改造是在 2010~2012 年进行的。

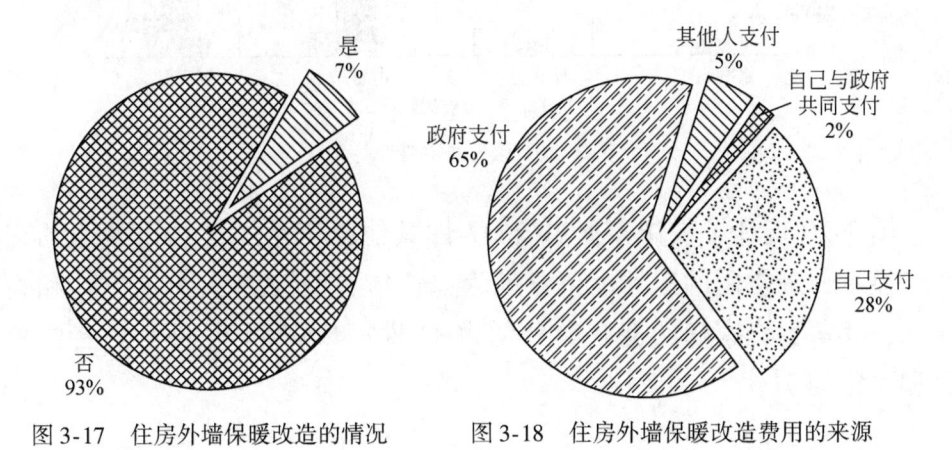

图 3-17　住房外墙保暖改造的情况　　　图 3-18　住房外墙保暖改造费用的来源

第四节　厨房设备及家用电器

1. 厨房设备

图 3-19 首先统计了厨房灶头的情况。在 1450 个家庭中，共有 2228 个灶头，每百户家庭拥有约 150 个灶头。就灶头的主要设备来看，有半数以上的灶头设备是煤气灶；电磁炉居于第二位，占总数的 25%；其他依次为柴火灶和蜂窝煤炉。城乡家庭灶头设备存在较大差异，城镇家庭主要拥有煤气灶和电磁炉，而农村家庭在这四种灶头分布上较为平均。

图 3-19 灶头的主要设备

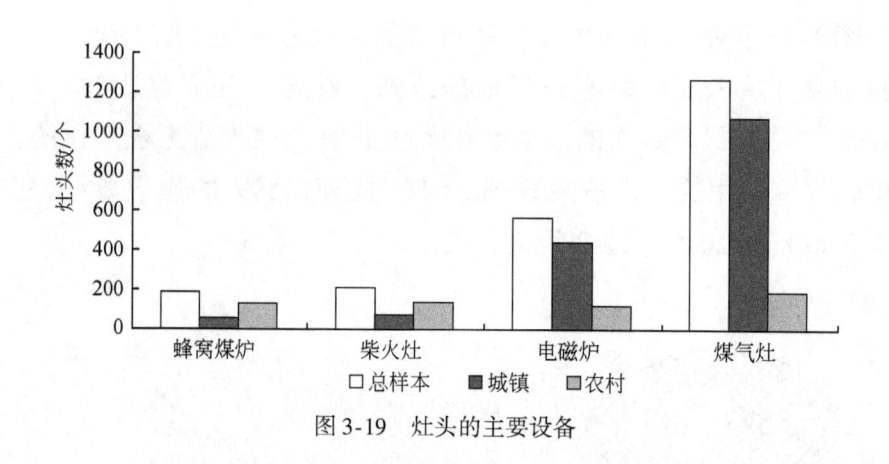

图 3-20 统计了被访家庭共 2637 件其他厨房常用烹饪设备。调查结果显示，最常用的三类设备分别为电饭煲、微波炉（光波炉）和高压锅，其每百户家庭的拥有量分别为 83 件、43 件和 36 件，三者数量之和占比为 91%。

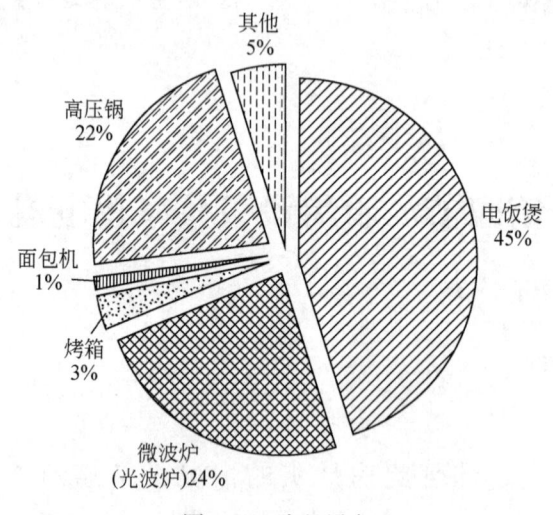

图 3-20 烹饪设备

图 3-21 统计了灶头及其他烹饪设备的燃料分布。使用电力、天然气和液化气的灶头设备占比分别为 26%、37% 和 21%。其他烹饪设备主要采用电力，其占比为 83%。在灶头主要燃料上也存在着城乡差

异。城镇家庭以管道天然气/煤气为主，其次是电力和瓶装液化气；农村则以瓶装液化气为主，其次是煤球和薪柴/秸秆，电力排在第四位。

图 3-21 灶头和其他烹饪设备的主要燃料

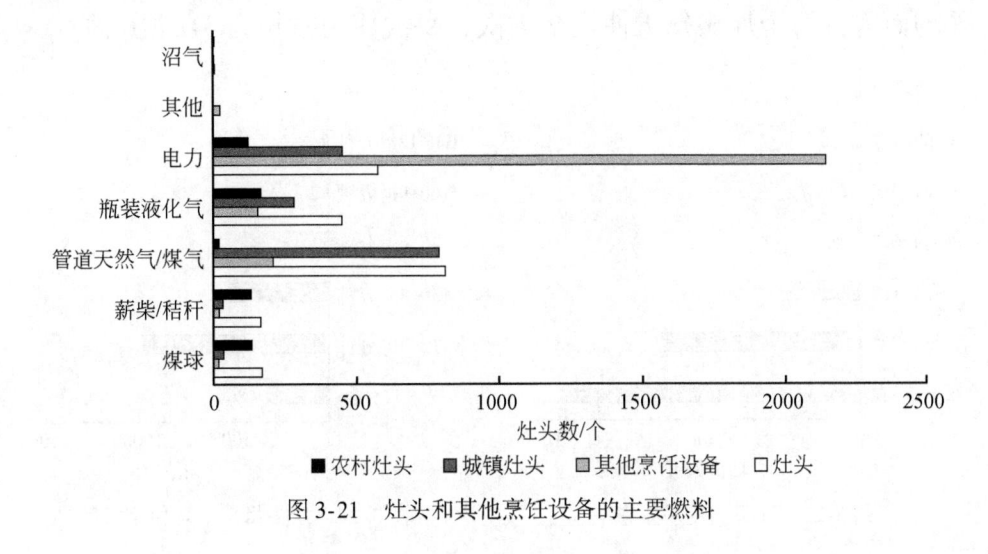

图 3-22 绘制了厨房烹饪设备的主要用途。可以看出，灶头主要用于做菜、做饭、烧水等，而其他烹饪设备的用途则较为多元化，譬如有 40% 的烹饪设备用来做饭，21% 的烹饪设备用来热饭/菜，13% 的烹饪设备用来煮稀饭/粥，9% 的烹饪设备用来煲汤。

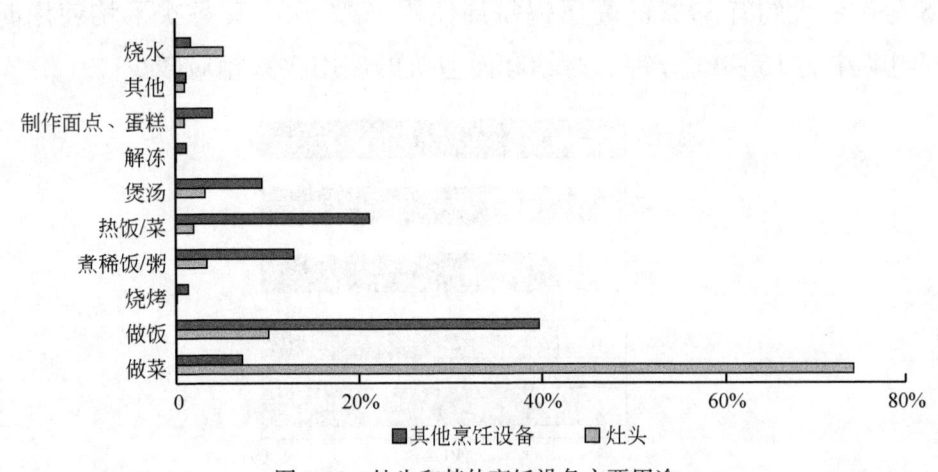

图 3-22 灶头和其他烹饪设备主要用途

图 3-23 和图 3-24 统计了灶头的使用频率和使用时间。有 84% 的灶头每天至少使用 1 次，有 70% 的灶头每次使用时间在 15~45 分钟；平均而言，每个灶头每天使用 2.1 次，每次使用时长为 31.7 分钟。

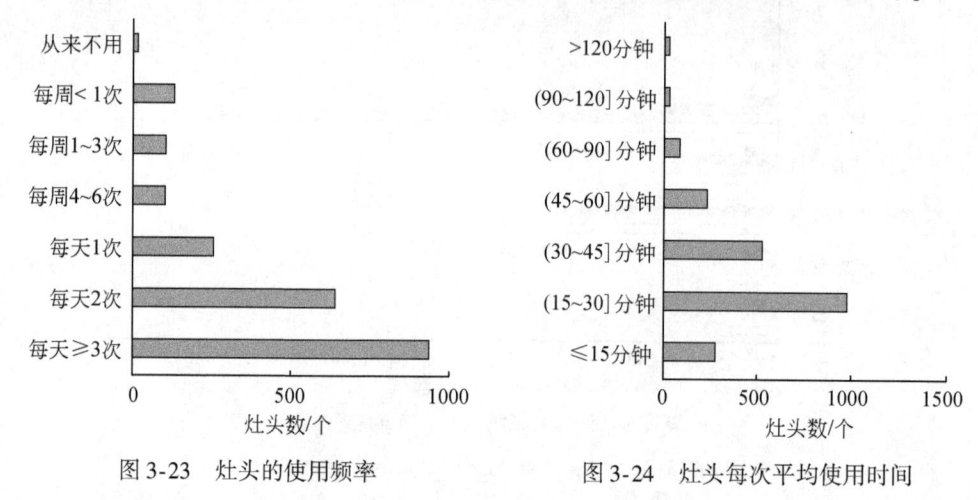

图 3-23 灶头的使用频率

图 3-24 灶头每次平均使用时间

其他厨房烹饪设备的使用频率和每次平均使用时间分别如图 3-25 和图 3-26 所示。就电饭煲来说，70% 的电饭煲每天至少使用一次，其每次平均使用时间大多集中为 15~45 分钟。超过 50% 的微波炉（光波炉）每天至少使用一次，超过 80% 的微波炉每次平均使用时间小于 15 分钟。大约有 39% 的高压锅每周使用 1~6 次，其每次平均使用时间也集中为 15~45 分钟。烤箱和面包机的使用次数相对较少。

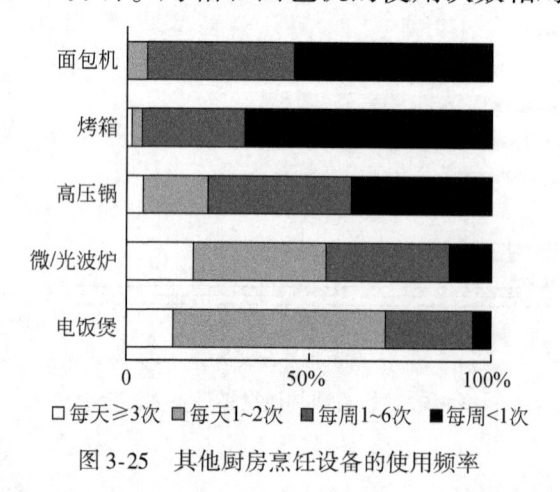

图 3-25 其他厨房烹饪设备的使用频率

图 3-26　其他厨房烹饪设备每次使用的时间

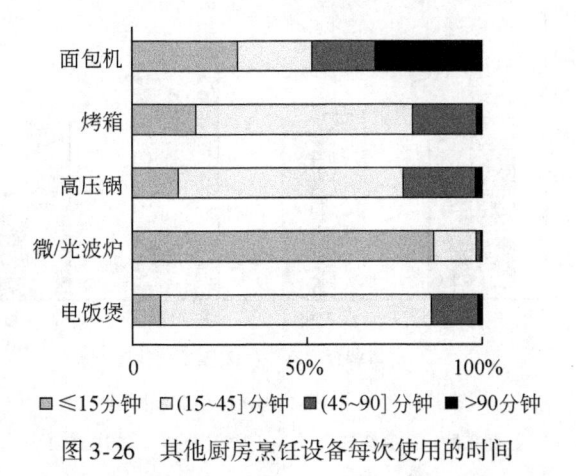

此外，本书也收集了电力烹饪设备的输出功率。在问卷涉及的 654 个电磁炉中，功率超过 1000 瓦的占比 73%，功率超过 1500 瓦的占比 49.5%。在其他烹饪设备中，功率超过 1000 瓦的占比 34%，超过 1500 瓦的设备占比 11%。

2. 家用电器

随着居民生活水平的提高，家用电器的普及率日益提升。图 3-27 对比了调查样本和国家统计局公布的每百户家庭家用电器拥有量。样本显示，每百户家庭拥有 89 台冰箱、91 台洗衣机、120 台电视和 89 台计算机。与国家统计局公布的数据相比较，电冰箱、洗衣机和电视机的每百户家庭拥有量大致吻合，而个人计算机拥有量则高于统计局数据。

从图 3-28 描述的家用电器平均使用年数来看，电冰箱的使用寿命最长，其平均使用年龄为 12.6 年；洗衣机和电视机平均使用年数为 6.7 年和 6.5 年；个人计算机则由于更新较快，其平均使用年限相对较短，仅为 4.3 年，有 88% 的计算机是在 2005 年之后购买的。

图 3-29 统计了家用电器每天的平均工作时间。可以看出，电冰箱

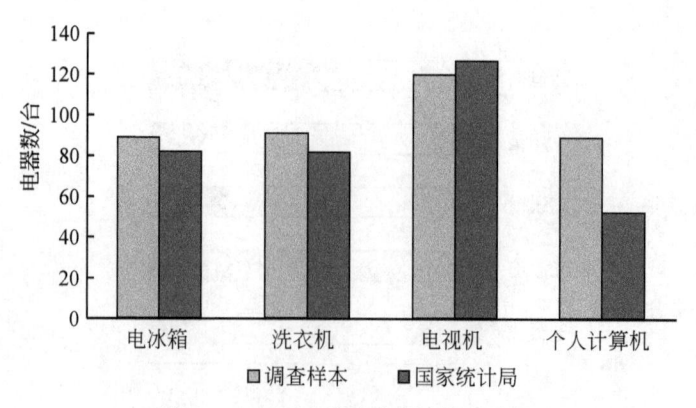

图 3-27　每百户家庭家用电器拥有量

数据来源：国家统计局，《中国统计年鉴》（2012 年）

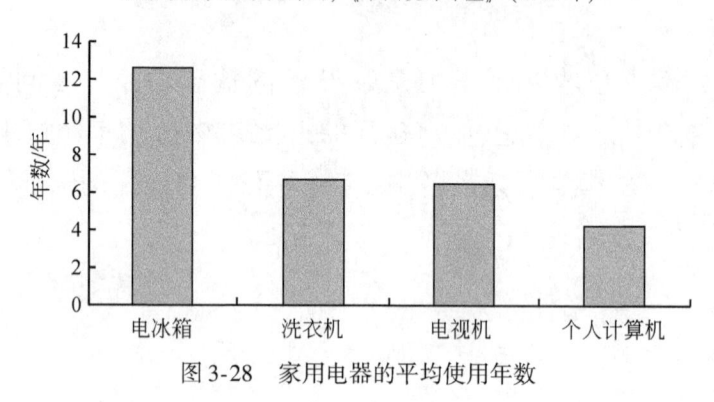

图 3-28　家用电器的平均使用年数

一般默认全天候运转，因此每天工作 24 小时；对于洗衣机的使用，有 56% 的家庭每周使用 1～3 次，近 60% 的家庭每次使用时间为 30～60 分钟，平均而言，洗衣机每天的平均洗涤时间为 47.6 分钟；电视机在工作日和周末的平均工作时间分别为 3.3 小时/天和 4.3 小时/天；被访家庭每天使用个人计算机的平均时长为 3 小时。

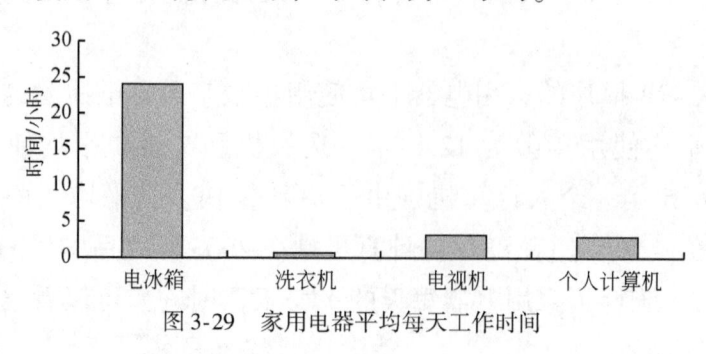

图 3-29　家用电器平均每天工作时间

能源效率标志是附在耗能产品或其最小包装物上，表示产品能源效率等级性能指标的一种信息标签，目的是为消费者的购买决策提供必要的信息，以引导和帮助消费者选择高效节能产品。能源效率标志共分为 5 个等级，一级能效表示产品达到国际先进水平，耗能最低、最节电；二级能效表示比较节电；三级能效表示产品的能源效率为我国市场的平均水平；四级能效表示产品能源效率低于市场平均水平；五级能效是市场准入指标，低于该等级要求的产品不允许生产和销售。图 3-30 描绘出主要的家用电器的能效标识分布，可以看出，有 61% 的电冰箱和 44% 的洗衣机拥有 1~3 级能效标识；而拥有 1~3 级能效标识的电视机和计算机则相对较少，占比分别为 21% 和 15%。

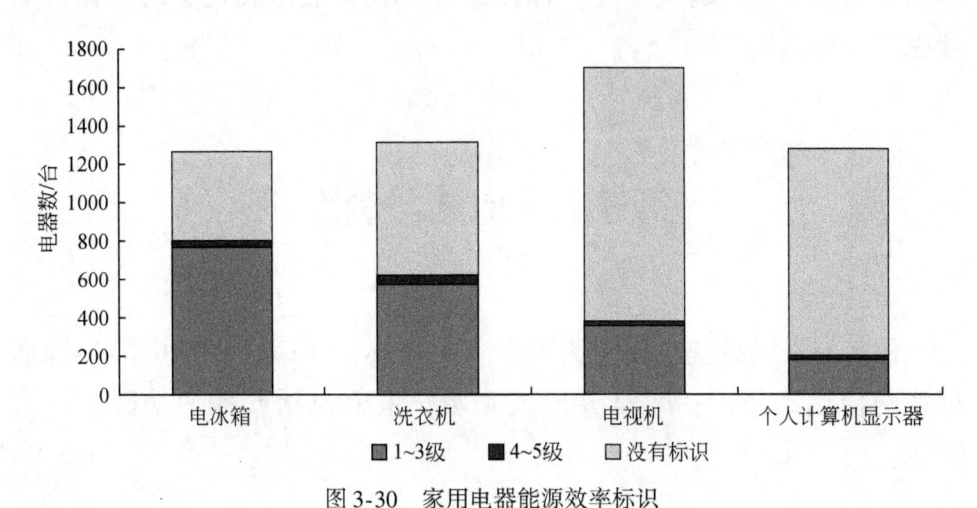

图 3-30　家用电器能源效率标识

3. 灯泡

在灯泡的使用上，90% 的家庭室内灯泡使用时间低于 12 小时；有 57% 的家庭有 1~3 盏室内灯泡使用时间为 4~12 小时，其中节能灯的数量占灯泡总数量的 51%；有 62% 的家庭有 1~3 盏室内灯泡每天使用时间为 1~4 小时，其中节能灯的数量占灯泡总数量的 56%。

从节能灯平均使用寿命来看，在1361个样本中，使用寿命为1~3年的节能灯占总数的48%；其次是3~6年，占总数的19%；有10%的节能灯使用寿命不超过1年。

4. 补贴对家用电器购买决策的影响

我国现有的家电补贴政策包括：节能惠民产品补贴、家电下乡补贴和以旧换新补贴。在统计的电冰箱、洗衣机、电视机和计算机中，曾享受过补贴的分别占比为21%、14%、16%和3%。对于补贴是否影响了家用电器的购买决策，有近33%的用户表示在购买现有家电时考虑了补贴因素。

第五节　取暖与制冷

住宅的采暖系统主要分为两种：一是集中供暖，将集中的热源通过管网传送给用户；二是分户式采暖，主要包括壁挂炉采暖、电采暖等。

1. 冬季取暖方式

根据调查，在1428个样本中，采取集中供暖和分户自供暖的家庭各占40%，没有供暖的家庭占样本总量的20%。为了识别供暖状况是否与地理分布有关，对家庭所在地的纬度和供暖方式进行了统计。如图3-31所示，北纬23度以南的受访家庭没有供暖，位于北纬23~33度的家庭多采用分户自供暖或没有供暖，北纬33度以北的家庭才有集中供暖并以此为主要的供暖方式。

图 3-31 供暖类型与纬度

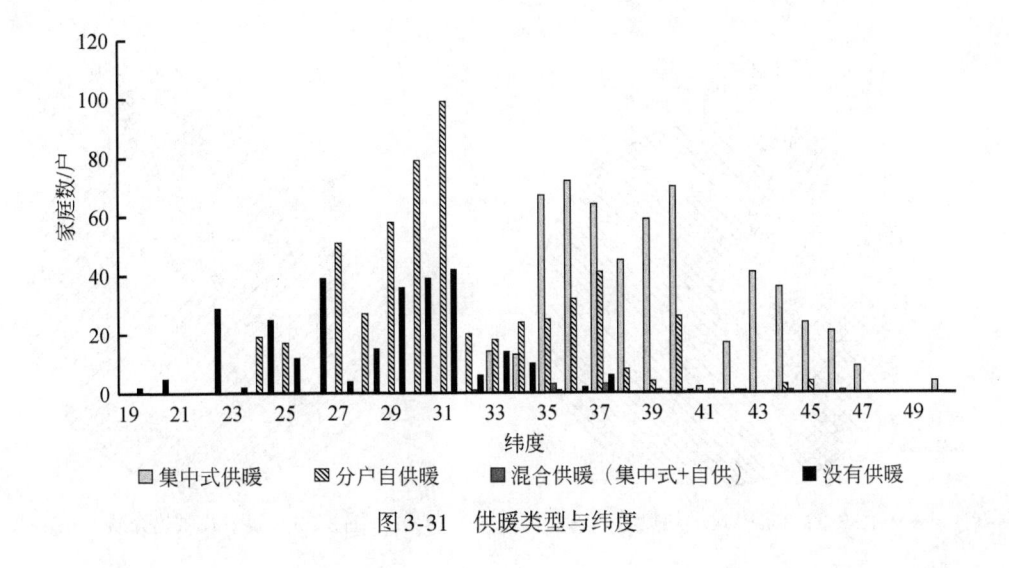

2. 集中供暖

区域供热（城市集中供热）往往是由一个或多个热源站通过公共供热管网向用户供热，其热源一般是热电厂、区域锅炉房、工业余热、地热、太阳能等产生的蒸汽或热水。根据调查所得的 575 个集中供暖家庭进行统计，可以看出：从热力来源来看（图 3-32），62.6% 来源于市政热力管网，其他的主要来源分别为区域锅炉供暖（21.4%）、区域热电站供暖（12.7%）和区域工业余热供暖（3%），还有极少家庭是通过小区中央空调获得热力供应。从热力传导媒介来看（图 3-33），93% 通过热水来供热，还有少部分通过蒸汽和热风来供热。

从集中供暖的时长上看（图 3-34），绝大多数家庭的供暖期为 3~4 个月，所有集中供暖家庭的平均供暖期为 3.91 个月。93% 的家庭供暖时段是固定的，7% 的家庭可以自由调节其供暖时间。

图 3-32　集中式供热热力来源

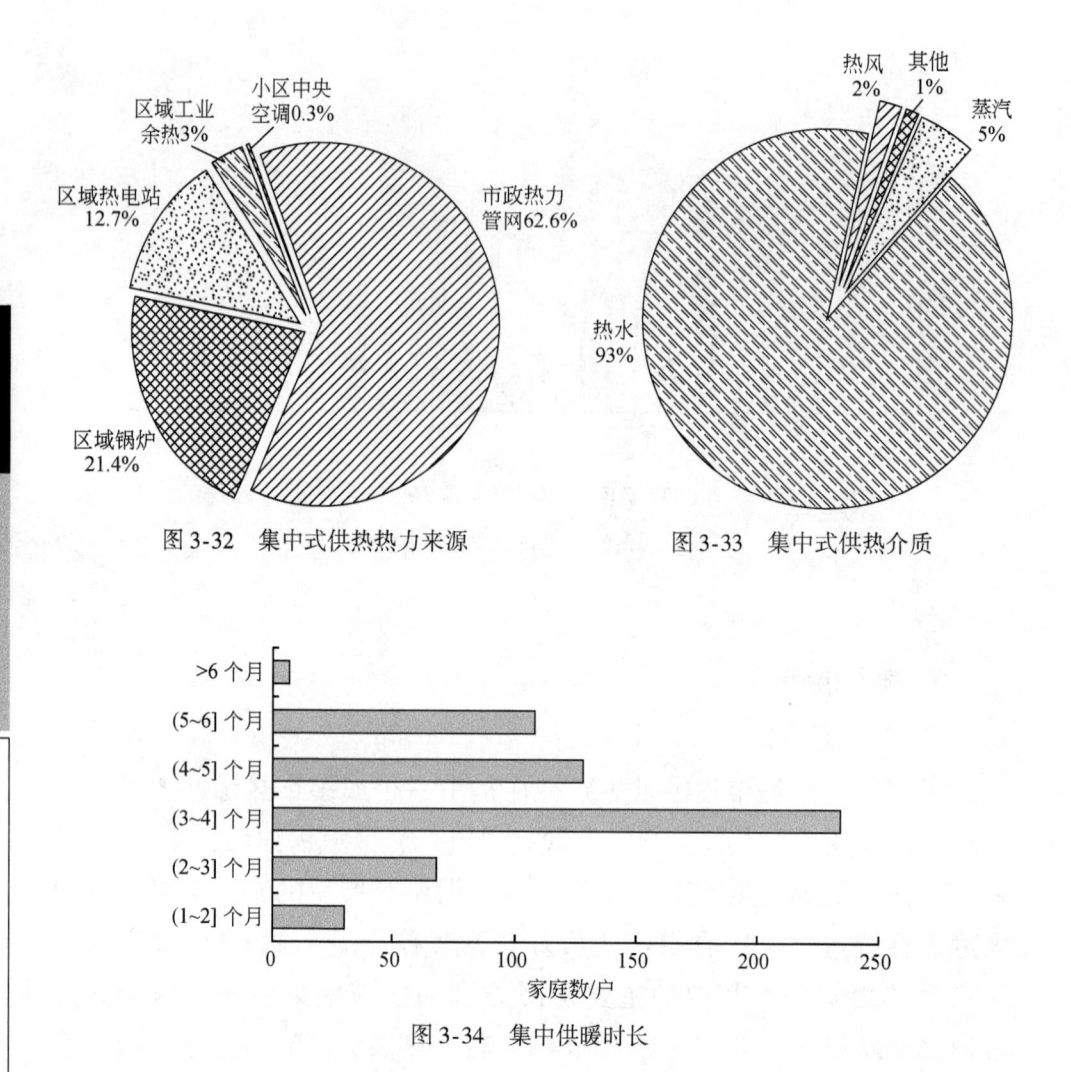

图 3-33　集中式供热介质

图 3-34　集中供暖时长

建设部等八部委在 2003 年《关于城镇供热试点工作的指导意见》中就提出了要"逐步推行按用热量分户计量收费办法，形成节能机制"；但调查结果显示，94%的样本家庭没有独立的热量计量表，仅有 34 户家庭安装了独立计量表。对于集中供暖的计费方式，如图 3-35 所示，92%的家庭按照房屋面积计费，仅有 7%的家庭按照实际供热量或供热时长来计费。

建设部 2003 年在《关于城镇供热试点工作的指导意见》中提出，

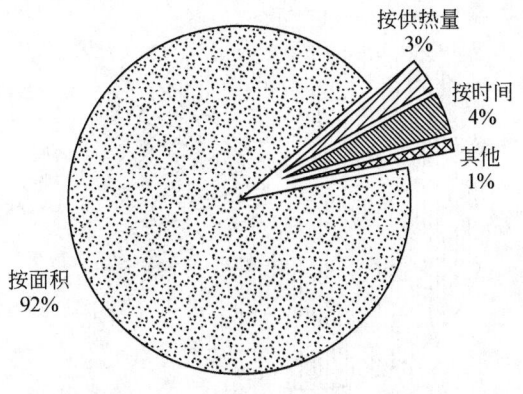

图 3-35　集中式供暖计费方式

要"停止福利供热，实行用热商品化"。根据调查，60%的家庭完全承担了供暖费；其余40%的家庭或多或少地由他人分担了部分供暖费，其中，14%的家庭完全"免费"使用了集中供暖，见图3-36。

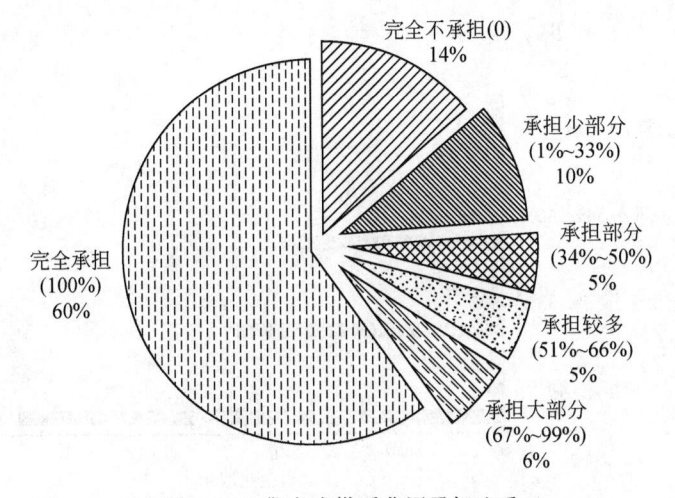

图 3-36　集中式供暖费用承担比重

如果进一步考察那些不需要完全承担供暖费的家庭的费用分担，从图3-37可以看出，82%的家庭获得了单位的福利和供暖补贴，14%的家庭获得了政府和社区的减免补贴。

为了进一步研究可以获得供暖费用分担家庭的特征，本报告对供

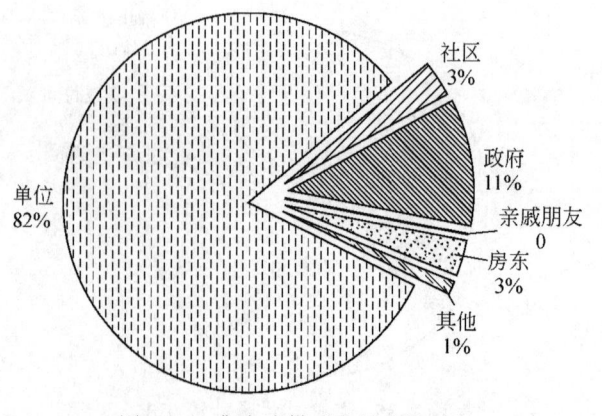

图 3-37 集中式供暖费用分担对象

暖费用分担比重和该家庭户主所在单位性质进行了统计（图3-38）。可以看出，在获得供暖费用分担的家庭中，户主大多在国有企业（或国有机关、事业单位）工作，其他工作性质的户主所在家庭获得供暖费用分担的比重较低。

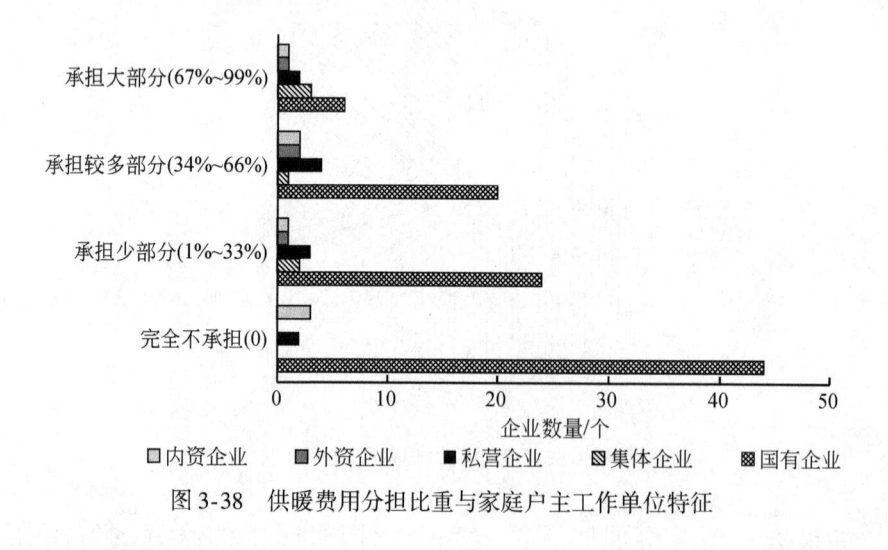

图 3-38 供暖费用分担比重与家庭户主工作单位特征

3. 分户自供暖

调查样本显示，560户家庭采用了分户自供暖，其自供暖设备共有776件，分布见图3-39。可以看出，电暖器、空调和火炉是最主要的分户自供暖设备，分别占所有自供暖设备的35%、28%和28%。除此之外，常见的其他供暖设备还包括家庭小锅炉、电油热汀等。在自供暖设备的使用上，城乡居民家庭存在着较大差异，城市居民多采用空调和电暖器供暖；乡镇居民同城市居民相比，采暖火炉比重有所增加；农村居民则主要采用火炉供暖。

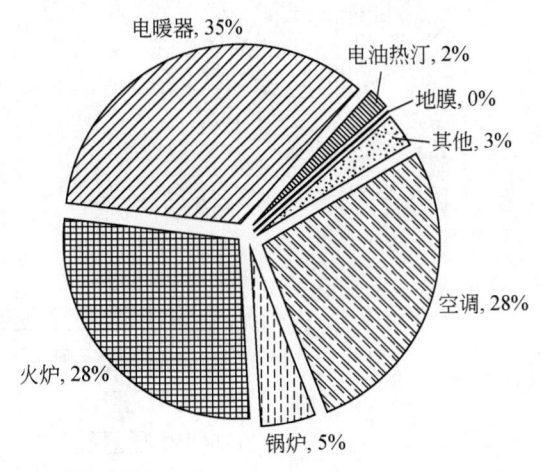

图3-39 分户自供暖设备分布

与自供暖设备相对应，电力和薪柴成为自供暖的主要燃料，其中，67%的家庭自供暖设备使用电力，29%的设备使用薪柴/木炭（图3-40）。自供暖设备主要燃料也存在一定的地区差异，城镇居民对于商业能源的使用比重较高，以电力为主，而农村居民则更多地使用薪柴。

分户自供暖家庭的采暖时长和每天使用时长如图3-41和图3-42所示。可以看出，分户自供暖的平均采暖时长为2.13个月，明显低于集中供暖家庭的采暖时长（3.91个月）。另外，68%的分户自供暖家庭每天使用时间不超过6小时，每天使用时间超过8小时的家庭占比仅为22%。平均而言，分户自供暖设备其每天使用时长为4.3小时。

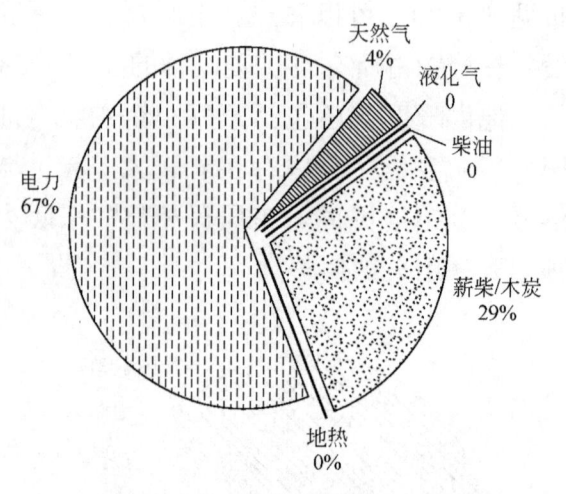

图 3-40　分户自供暖使用燃料分布

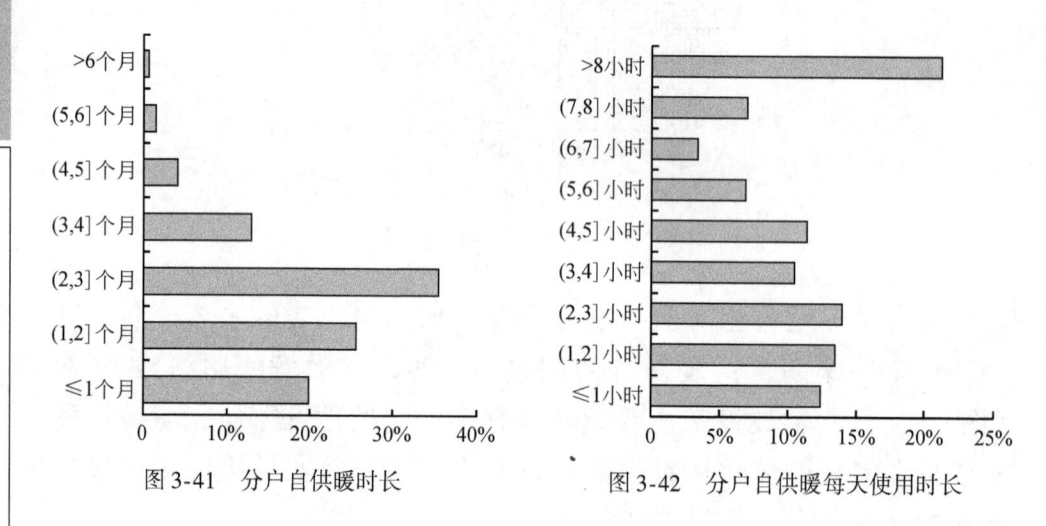

图 3-41　分户自供暖时长

图 3-42　分户自供暖每天使用时长

4. 热水器

在调查的 1450 个受访家庭中共有 1222 台热水器，每百户家庭热水器拥有量为 84 台。其中，储水式热水器占样本总量的 56%，略高于即热式热水器（44%）。城镇居民家庭储水式和即热式热水器比例接近，农村居民家庭使用储水式热水器的比例较高（图3-43）。不同的热水器类型决定了不同的燃料类型，如图3-44所示，储水式热水器主要燃料为电力和太阳能，即热式热水器的主要燃料则是管道天然气/煤气、电力和瓶装液化气。67%的储水式热水器容量为30~100升，其平均容量为75.4升。大容量储水式热水器往往采用太阳能作为加热燃料，容量较小的储水式热水器则主要利用电力。

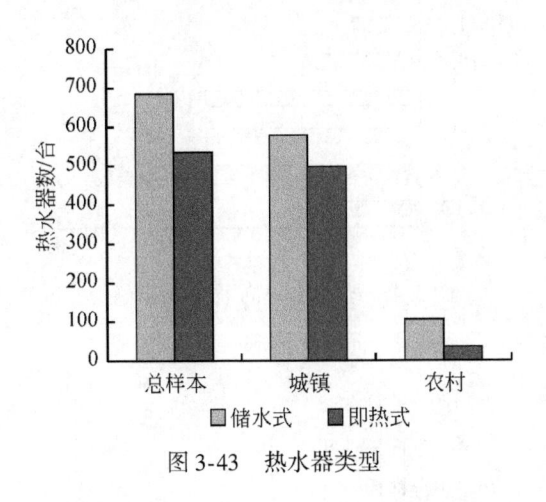

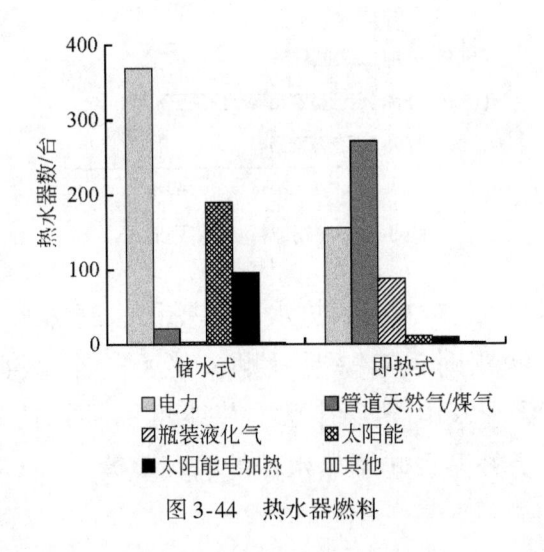

图3-43 热水器类型

图3-44 热水器燃料

热水器加热热水最主要的用途是洗澡，其占比为91%，另外还有

7%用于厨房洗刷。热水器的使用频率分布如图3-45所示,其平均使用频率为每周7.18次。从其每次使用时长(图3-46)来看,87%的热水器每次使用时间不超过45分钟。平均而言,热水器每次使用时长为29分钟。

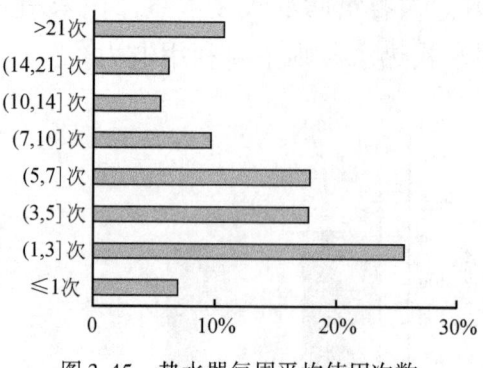

图3-45 热水器每周平均使用次数

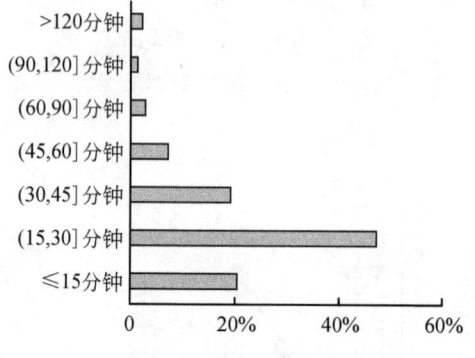

图3-46 热水器每次使用时长

能源效率标志为1~3级的热水器占受访家庭热水器总量的34%。绝大多数热水器购买时没有享受补贴,其所占比重高达92%,仅有8%的热水器享受过家电下乡补贴、节能惠民补贴或以旧换新补贴。31%的受访者认为补贴影响了热水器的购买决策。

5. 制冷

本报告考察的制冷设备主要有空调和电风扇。根据调查，受访家庭共有1633台空调，每百户家庭拥有量为113台，91%的空调是分体式空调；平均来看，空调的制冷功率为3160瓦，大约为1匹机，75%的空调制冷功率不超过3600瓦（1.5匹机）；在所有空调中，49%具有变频功能，85%同时具有加热和制冷功能。

在所有受访家庭中，电风扇的数量为1885台，每百户家庭拥有量为130台。落地扇、台式风扇和吊扇是最主要的三类，其累计占比为98%。大多数空调和电风扇都是在2000年之后购买的。

如图3-47所示，60%的空调用于卧室制冷，32%用于客厅制冷。电风扇的制冷范围与空调相类似，52%用于卧室制冷，43%用于客厅制冷（图3-48）。

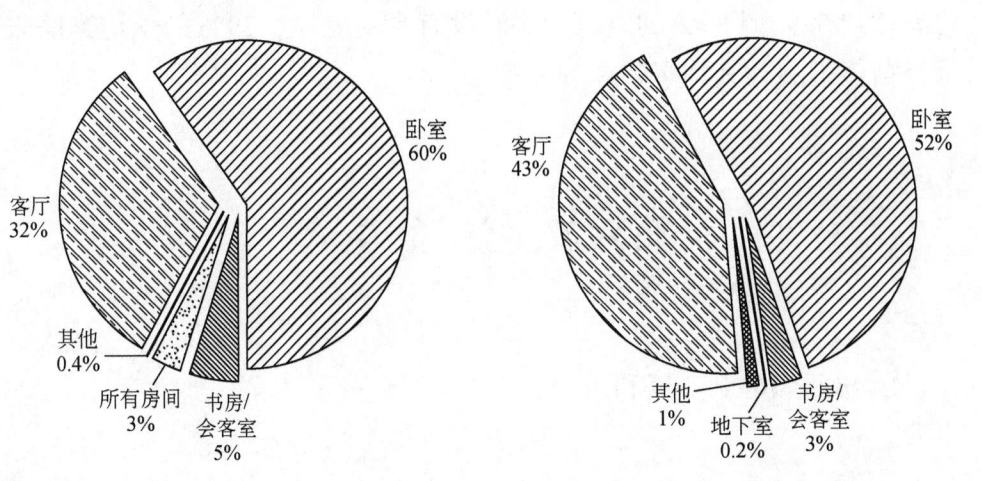

图3-47 空调制冷范围

图3-48 电风扇制冷范围

如图3-49所示，2012年，92%的空调制冷时间不超过90天，使用空调的家庭平均制冷时长为49.3天；使用电风扇的家庭平均制冷时长为64.7天。从图3-50则可以看出，68%的空调每天制冷时长在5

小时以内，夏季空调每天制冷时长的平均值为 3.8 小时；电风扇的使用方式与空调十分接近，每天平均使用时间为 3.96 小时。

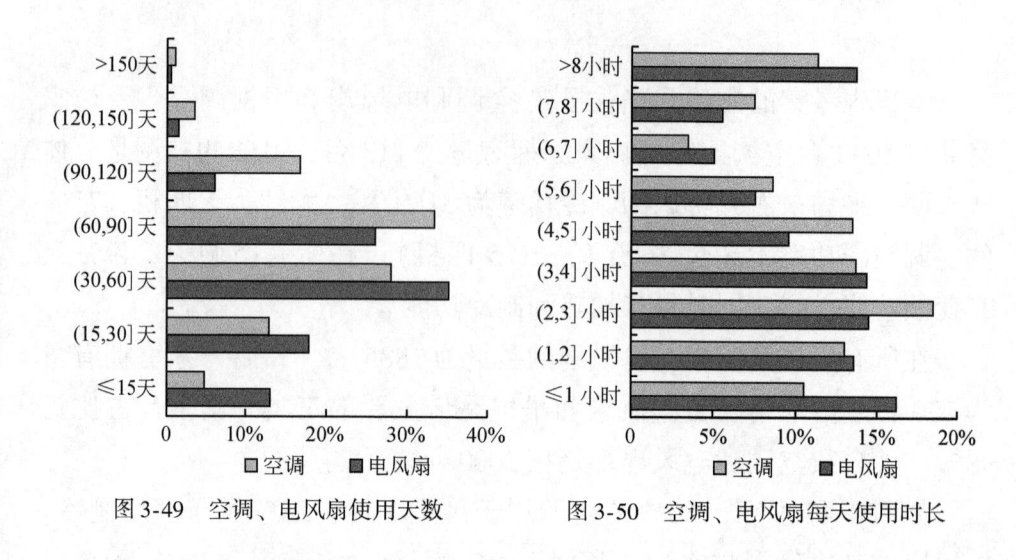

图 3-49　空调、电风扇使用天数

图 3-50　空调、电风扇每天使用时长

空调采用能源效率标志的比重较高，其中有 1~3 级能效标志的占比高达 45%。但 89% 的空调购买时没有享受补贴，29% 的受访家庭表示补贴会影响到其购买空调的决策。

第六节　交通方式

1. 出行和公共交通利用

统计结果显示，71% 的家庭离市中心不到 3 公里，14% 的家庭距离市中心 3~5 公里，只有 4% 的家庭离市中心大于 10 公里。家庭住址离购物中心的距离越短，购物越方便。63% 的家庭距离 1 公里之内就有购物中心，可步行购物；26% 的家庭距离购物中心小于 3 公里，基本也可步行购物；仅有 11% 的家庭离最近的购物中心大于 3 公里，需要利用交通工具出行购物。离家庭最近的医院包括社区医院和其他医疗服务机构，统计数据显示：82%的家庭在其3公里之内就有医疗机构，仅有4%的家庭距离最近的医疗机构在5公里以上。

出行的样本观察值总共有3740个，这里的出行是指一周内所有的出行次数，包括工作、探亲访友、休闲娱乐和商务活动等。由图3-51可以看出，频率最高的是每周出行5~7次，占22%；出行7次以上的比例约为46%。另外，约有13%的人每周出行少于2次，12%的人每周出行1~3次，7%的人出行3~5次。其中，城镇和农村出行次数有着显著的差异，在农村地区，每周出行1次或者以下占26%，1~3次占20%，3~5次占9%；也就是说，在农村地区50%的人每周出行次数少于或者等于5次。相反，在城镇只有27%的人每周出行次数少于或者等于5次。

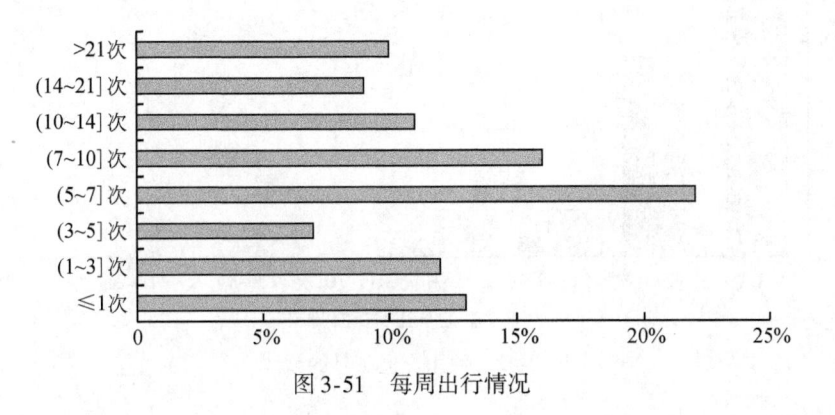

图3-51 每周出行情况

从出行采用的公共交通（简称公交）来看，在3740个样本中，10%的人出行完全依靠公交，13%的人多数情况下采用，8%的人部分情况下采用，23%的人偶尔使用，46%的人从不依靠公交出行。同样的，比较城镇和农村的情况，在城镇，63%左右的人偶尔或者基本不依靠公交；在农村，这个比例更高，约有78%的人偶尔或几乎不依靠公交出行。

针对采用公交的群体进一步分析采用的公交模式。在2004个样本观测值中，最重要的公交方式为公共汽车，约有74%的人依靠公共汽车出行；出租汽车和摩托车（包括电瓶车的）的比例接近，分别为6.94%和6.64%；地铁和轻轨占5.59%。在农村地区两种主要的公共交通方式是公共汽车和摩托车或电瓶车，其中，80%左右的被访者依靠公共汽车，11%的人采用摩托车或者电瓶车出行；城镇略有差异，存在三种主要方式：公共汽车、地铁和出租车，它们的比例分别为72%、7%和8%。

对于工作日和周末使用交通工具的频率，通过图3-52可以看出，不管是在工作日还是在周末，50%以上的居民平均每天使用该交通工具小于或等于一次，有28%的居民在工作日时平均每天使用一到三次，而在周末使用交通工具达到该频率的比例比工作日的大，占37%。

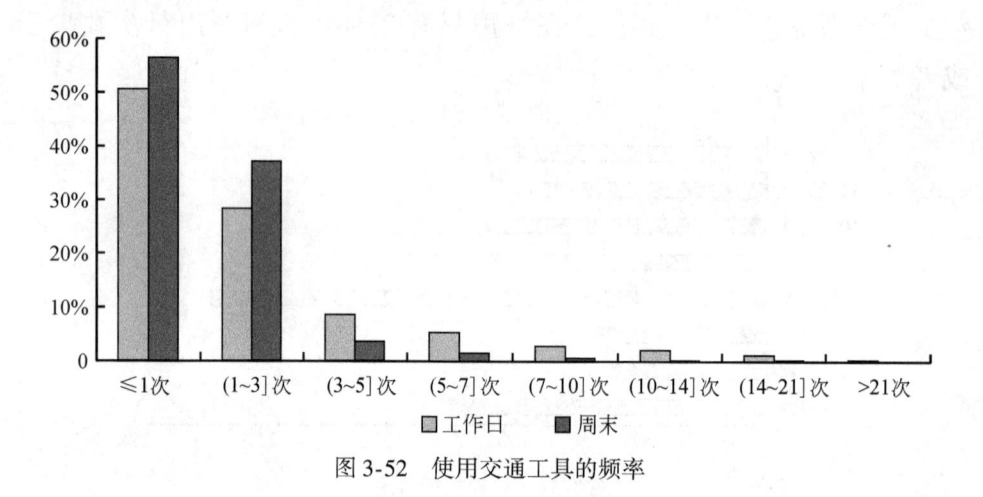

图3-52 使用交通工具的频率

接下来通过图形来描述三种出行的时间，灰色表示从家步行到公交点需要的时间，黑色表示工作日每次使用公交花费的平均时长，白色表示周六和周日每次使用公交花费的平均时长。大部分人从家步行到公交点不超过10分钟，其中57%的人不超过5分钟，28%的人需要5~10分钟。由图3-53也基本可以看出，工作日和周末出行在公交上花费的平均时长差异不大，以平时出行为例，50%以上的人大概需要5~30分钟，11%的人不到5分钟，约4.5%的人花在公交上的时间超过1个小时。

图 3-53 出行时间

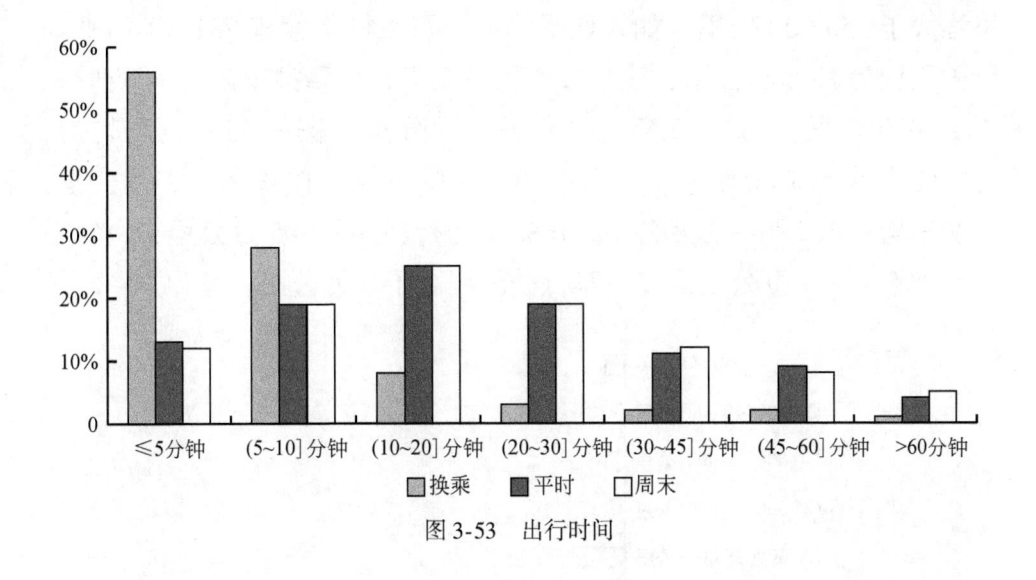

2. 家庭小汽车

在 1450 个被访家庭中，有 33% 的家庭已经购买了汽车，在 928 个城镇家庭中，有车的比例高达 40%。在作为样本的 573 辆车中，小轿车 482 辆，皮卡 4 辆，SUV 26 辆，面包车 29 辆，货车 14 辆，农用货车 11 辆，其他 7 辆；前 4 个主要品牌为大众、丰田、现代和本田。

本报告将小轿车、皮卡和 SUV 定义为小汽车，那么小汽车样本量为 512 辆，整个样本为 1450 户家庭，可以得到每 100 个家庭的小汽车拥有量为 35 辆，人均小汽车拥有量为 0.13 辆。该数值略低于曼哈顿和东京的水平（其人均小汽车拥有量分别为 0.15 辆和 0.17 辆）。所以，不难预测，随着经济发展、收入提高和城市生活方式的转变，我国的人均小汽车拥有量很快会超过这两个城市。

小汽车的快速增长会带来交通压力，除了小汽车数量外，小汽车的行驶里程也会带来一定的影响。从 2012 年全年行驶里程看（图3-54），21% 的行驶里程小于 5000 公里，39% 的行驶里程为 5000～10 000 公里，19% 的行驶里程为 10 000～15 000 公里；此外，约为 5% 的人行驶里程大于 250 000 公里。如果取平均值，那么样本家庭 2012 年的平均行驶里程为 10 680 公里，这个数值稍微低于北京私家车 2010 年行驶里程 14 000 公里。到 2012 年累计行驶里程分布（图 3-55）比较均匀，18% 的累计行驶里程少于 1 万公里，16% 平均行驶 1 万 ~ 2 万公里，13% 平均行驶 2 万 ~ 3 万公里，16% 平均行驶 3 万 ~ 5 万公里，14% 平均行驶 5 万 ~ 8 万公里，23% 车行驶里程高于 8 万公里。

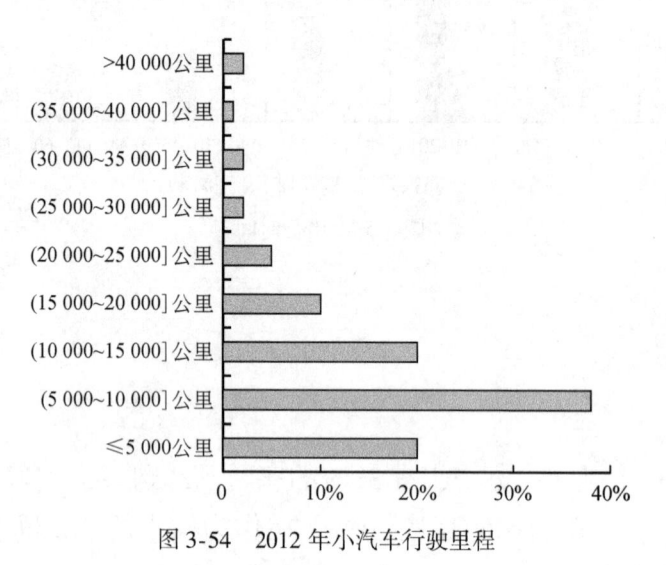

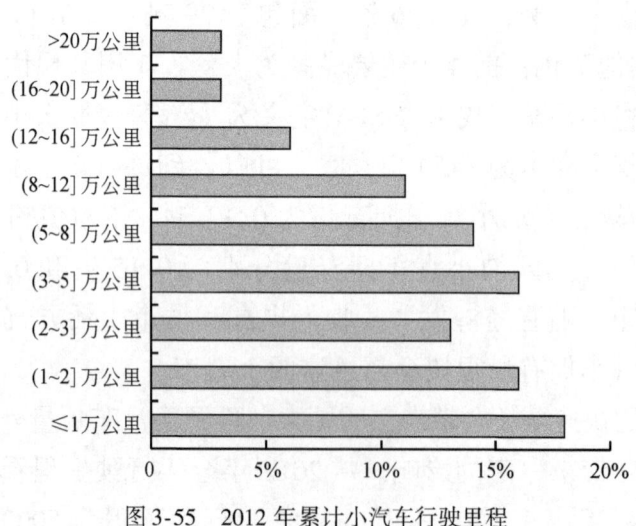

图 3-54　2012 年小汽车行驶里程

图 3-55　2012 年累计小汽车行驶里程

对于汽车的维修保养，57%的车辆在2012年保养1~3次，23%仅保养1次或未保养。

如果将汽车发动机排量低于1.6升的定义为小排量，那么不到50%的汽车（377个样本观测值）为小排量汽车；此外，约3.5%的汽车排量大于3升，其中有5辆车的排量大于4升。

就汽车的燃料类型分析，没有发现样本中有电动车，主要燃料还是93号汽油，其中有421辆汽车使用该燃料，所占比例为74.25%；使用97号汽油的汽车为95辆，所占比例为16.75%。有2辆车使用乙醇汽油；31辆车使用柴油，主要用于农用货车（三轮车）、货车（四轮车）和面包车；16辆车使用混合动力（汽油和天然气）。

图3-56显示了厂家标称的百公里油耗量和2012年实际百公里油耗量。因为实际的百公里油耗高于厂家标称的百公里油耗量，所以，图中黑色的方柱其分布有明显的右移。以实际百公里油耗为例，32%和34%的小汽车百公里油耗属于6~8升和8~10升，19%百公里油耗为10~12升，约10%百公里油耗量高于12升。高端品牌的汽车百公里油耗量都较高，如样本中宝马的百公里油耗大于10升，奥迪的百公里油耗大于8升。

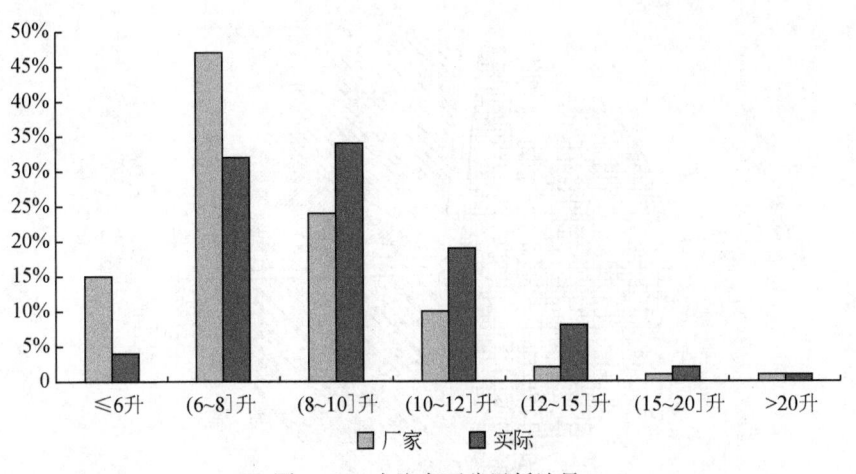

图3-56 小汽车百公里耗油量

就燃油费用的承担情况来看，约69%的家庭基本需自己支付燃料费用，9%的家庭基本不需自己支付任何燃料费用，17%的家庭需自己支付约三分之一的费用，2%的家庭需支付三分之二的费用，3%的家庭需支付三分之二以上的费用。如果有人帮忙承担费用，59%是由工作单位承担，11%是亲戚朋友承担，剩下的是其他来源承担，被受访人未说明谁给予支付。

3. 电瓶车

电瓶车成为越来越重要的交通工具，在样本中有348户家庭拥有电瓶车，所占比例为24%，其中有2户家庭各有2辆电瓶车。95%的电瓶车购买于2005年或者以后。这些电瓶车中，84%的电池是可拆卸的，16%的电池不可拆卸。

从充电频率来看（图3-57），26%的电池需要每天充1~2次，47.69%的电池需要每2~3天充1次，18.44%需要每3~5天充1次，6.63%的电池需要5~7天充1次电。从每次充电的时间来看，27%的电池充电少于6个小时，但是约50%的电池充电需要6~8个小时，

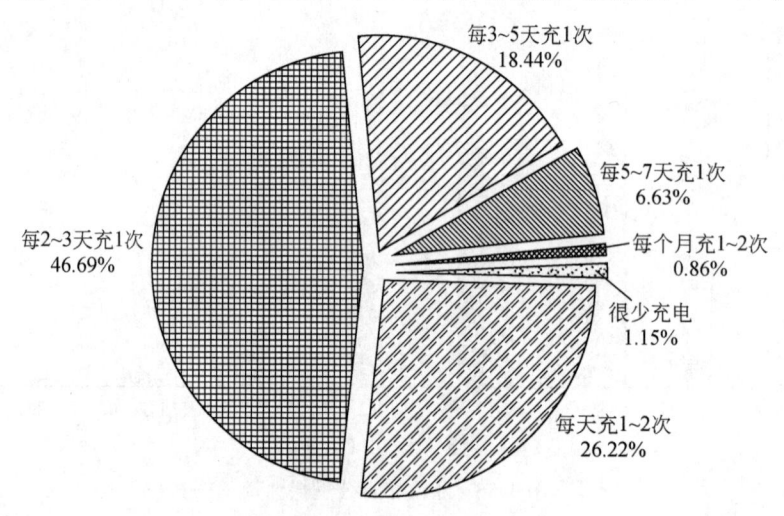

图3-57 电瓶车的充电频率

23%的电池充电需要8~12个小时，个别需要12个小时以上。大部分电瓶车在白天充电（占比81%），在晚上充电的有6%，其余的没有固定时间。92%的电瓶车在家里充电，5%的在单位充电，剩下的用其他方式。

电瓶车每天骑行的时间分布如图3-58所示。24%的电瓶车骑行时间少于0.5小时，43%为0.5~1小时，28%为1~2小时，5%高于2小时。大部分电瓶车能载人，只有约18%的电瓶车从不载人或者载货。

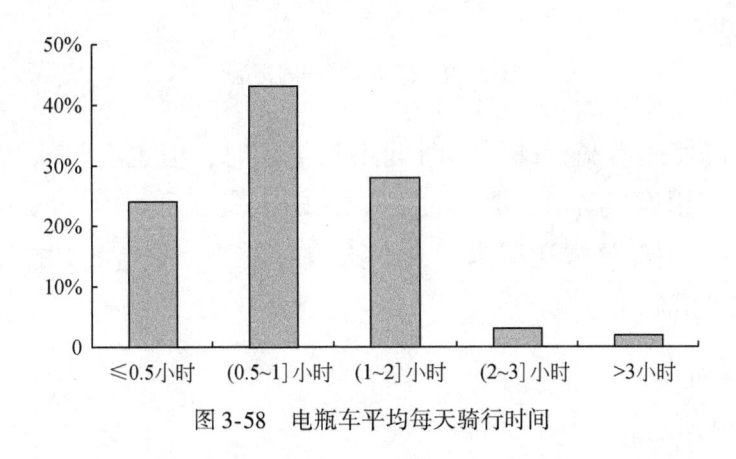

图3-58 电瓶车平均每天骑行时间

4. 机动摩托车

同电瓶车相比，机动摩托车的数量较少，仅296个家庭有摩托车，其中31个家庭分别有2辆摩托车，3个家庭分别有3辆摩托车。大部分摩托车购买于2005年以后，22%的车购买于2000~2004年，45%的车购买于2005~2009年，25%的车购买于2010~2012年。在所有样本中，75%是骑式摩托车，剩下的是踏板式摩托车。

如图3-59所示，20%的摩托车排放量为100毫升；47%的车排放量为125毫升，16%的车排放量为150毫升。

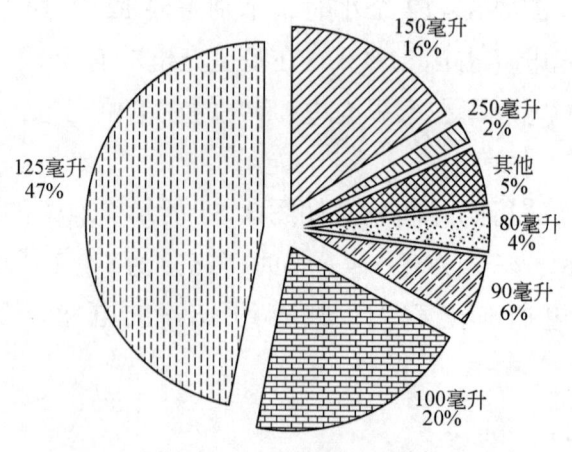

图 3-59 机动摩托车的排量

50%的使用者骑行摩托车时间不到 1 小时，但也有 37%左右的人每天平均使用摩托车 1～2 小时，10%的人每天平均骑行 2～3 小时（图 3-60）。大部分摩托车都用来载人或者货物，只有 6%的摩托车从不载人或者载物。

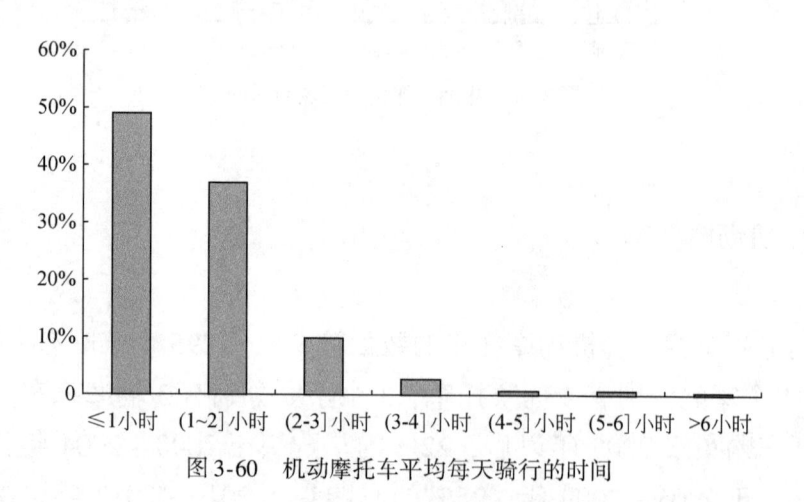

图 3-60 机动摩托车平均每天骑行的时间

第七节 家庭收支与能源消费

1. 家庭收支概况

家庭可支配收入共收集有效样本1401个,其中城镇样本为1151个,农村样本为253个,未标注样本为4个。样本均值为97 966元/年,城镇家庭可支配收入为109 760元/年,农村为48 978元/年,样本均值均高于2012年全国平均水平。家庭总支出共收集有效样本1387个,其中城镇样本为1118个,农村样本为279个,未标注样本为4个。样本均值为52 711元,城镇家庭支出为53 322元,农村为43 332元,样本均值均高于2012年全国平均水平(图3-61)。

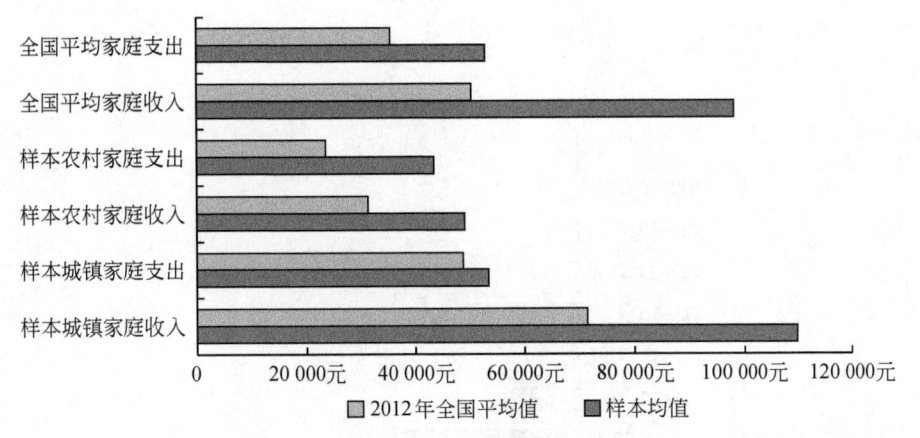

图3-61 2012年家庭收支情况

数据来源:全国平均家庭为国家统计局数据,样本家庭为此次CRECS统计数据

统计结果显示,1319户受访家庭2012年的税后总收入在20万元以下,占样本总量的91.7%;税后收入在3万~5万元、5万~8万元和8万~12万元这三个区间内分布较为均匀,几乎各占20%;税后总

收入大于 50 万元的家庭很少（图 3-62）。1323 户受访家庭 2012 年的总支出在 12 万元以下，占样本总量的 94.4%；其中，支出 1 万～3 万元的占总数的 32.3%，3 万～5 万元的占的 29.2%，5 万～8 万元的占 18.5%（图 3-63）。

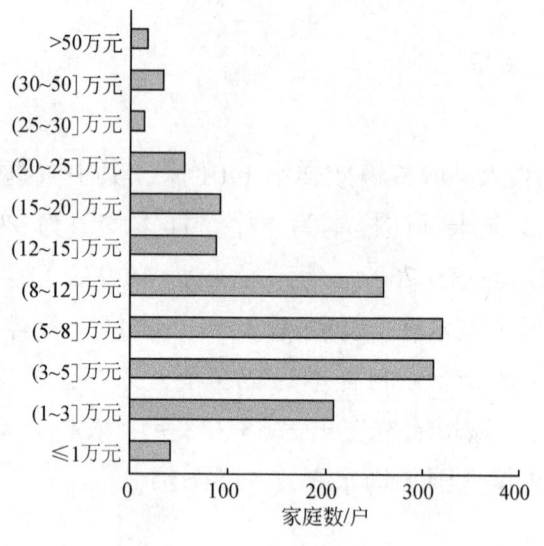

图 3-62　2012 年家庭税后总收入

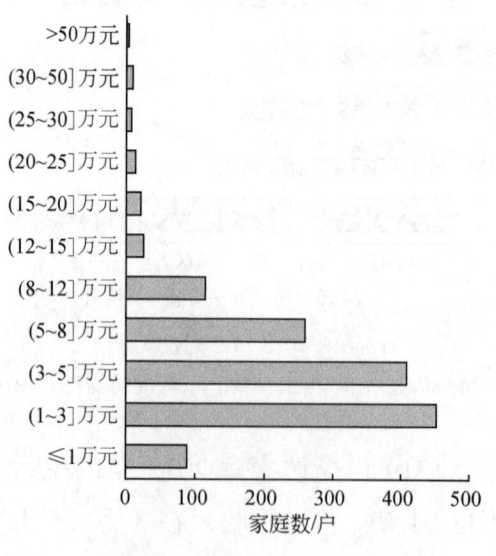

图 3-63　2012 年家庭总支出

从支出构成来看，饮食和住房支出分别占总支出的37%和21%，与2012年国家统计局公布的城镇家庭总支出构成差异不大，但在交通及其他项的支出上存在着较大的差异（图3-64和图3-65）。

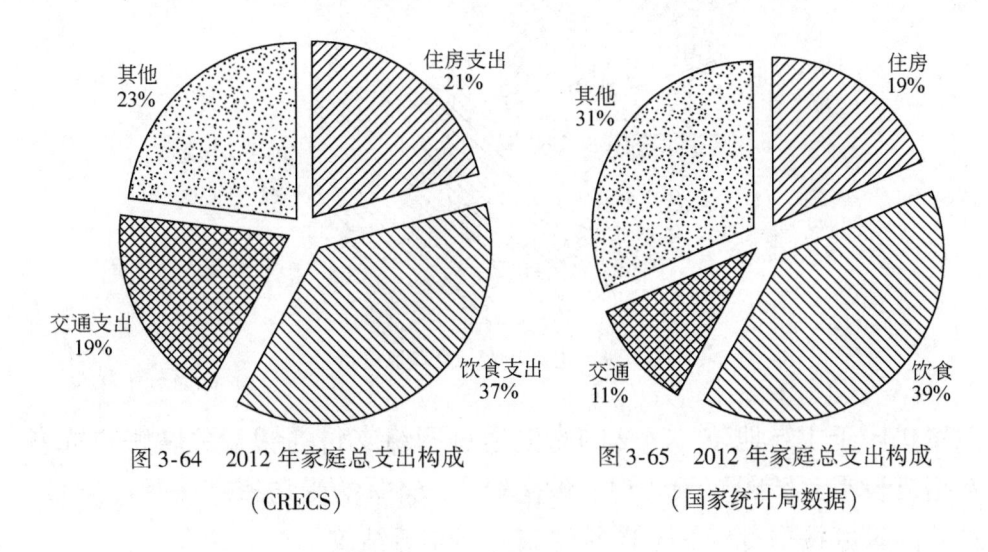

图3-64 2012年家庭总支出构成（CRECS）

图3-65 2012年家庭总支出构成（国家统计局数据）

2. 电力基础信息

调查样本中，97%的家庭是一户一表。其中，75%的受访家庭电表安装在楼道内，16%的受访家庭电表安装在小区内，仅有5%的受访家庭电表安装在房间内。从电表类型来看，智能电表已经达到41%，机械式电表和插卡式电表分别占样本总量的36%和14%。

调查结果显示，78%的受访者了解每月家中电力消费量及电费支出情况。获取电力消费信息的渠道较为多样，其中最主要的渠道是电力公司发出的电费缴费通知单，占样本总量的52%；其次是抄表员告知和购买充电卡充值缴费记录，分别占比23%和16%（图3-66）。

从电费缴纳来看，67%的家庭先消费后付费（月度结算），32%的家庭先付费后消费（充电卡）。从支付方式（图3-67）来看，68%的家庭选择在电力公司、银行柜台或者其他网点缴费，传统的柜台式

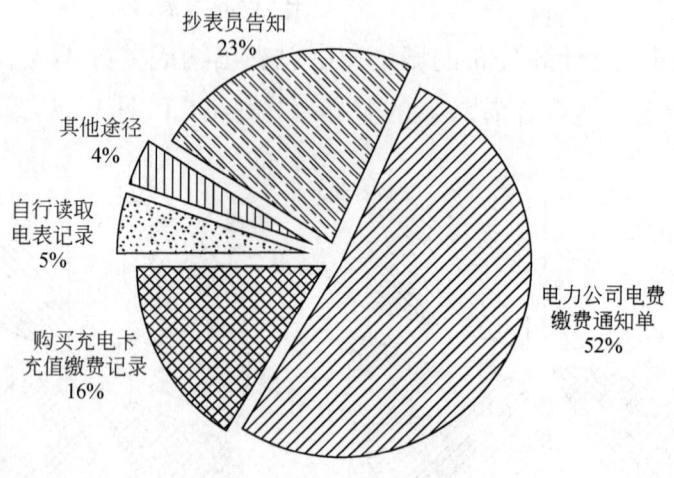

图 3-66 电力消费信息获取途径

- 抄表员告知 23%
- 其他途径 4%
- 自行读取电表记录 5%
- 购买充电卡充值缴费记录 16%
- 电力公司电费缴费通知单 52%

缴费仍居于主导地位，24%的家庭通过网络支付（银行关联账户或者网络支付平台转账）。从支付频率来看，64%的受访家庭按月度结算，21%的家庭按季度结算，15%的家庭半年后结算。

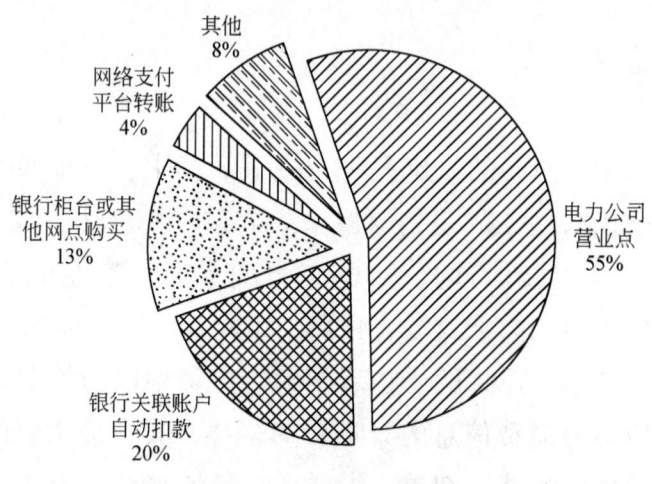

图 3-67 电费支付方式

- 其他 8%
- 网络支付平台转账 4%
- 银行柜台或其他网点购买 13%
- 银行关联账户自动扣款 20%
- 电力公司营业点 55%

3. 家庭电力消费

调查所得电力消费样本观察值共1429个，年度平均用电量为1729千瓦·时，城镇家庭年消费量为1848千瓦·时，农村家庭为1215千瓦·时。年度平均电力消费支出为911元，占年度总支出（53 322元）的1.7%。

从每月电力消费上看，受访家庭月均电力消费量为126～216千瓦·时（图3-68），月均用电支出为67～116元（图3-69）。其中5月最低，8月最高。

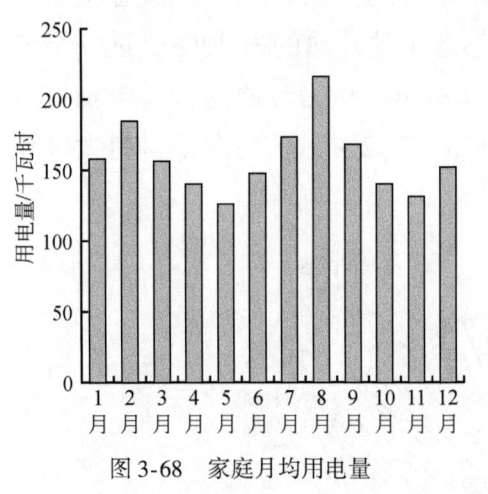

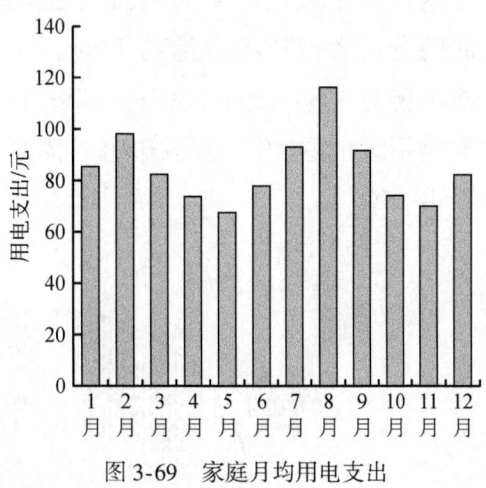

图3-68　家庭月均用电量

图3-69　家庭月均用电支出

4. 家庭对电价政策的认知

我国居民电价和工业、商业用电价格相比一直偏低，使用价格手段对电力需求进行管理，引导居民合理用电、节约用电，对于缓解我国电力供求矛盾、促进节能减排具有重要意义。目前实行的需求侧管理的居民电价政策主要有两种：一种是阶梯电价，另一种是峰谷电价。

居民阶梯电价是指按照用户消费的电量分段定价,用电价格随用电量增加呈阶梯状逐级递增的一种电价定价机制。峰谷电价属于分时电价的一种,将一天24小时划分为峰、谷等多个时段,对不同的时段实行不同的价格,高峰时段价格较高、低谷时段价格较低。

我国从2012年7月1日开始,在全国范围内实行阶梯电价政策。在进行问卷调查期间,仅有部分省市实行了阶梯电价和峰谷电价政策。本报告就这两类电价政策的认知程度对居民进行了调查。统计结果显示,38%的受访者表示知道峰谷电价政策,27%的受访者表示了解所在地区的峰谷电价政策,13%的受访者收到过电力公司关于峰谷电价的通知信息。由于峰谷电价一般不主动开放,因而需要户主本人携带有效证件至最近的电力营业厅主动申请开通。调查显示,愿意主动开通的受访者占样本总量的70%,不愿意主动开通的占30%。进一步考察不愿意主动开通的原因,如图3-70所示,认为开通与否对电费支出影响不大的占40%,不知道具体流程的占32%,认为准备材料太麻烦的占15%。

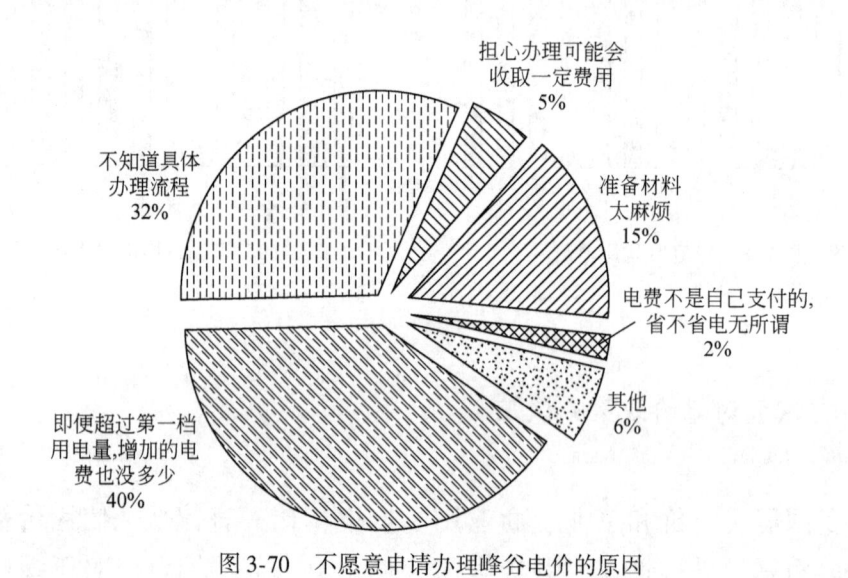

图3-70 不愿意申请办理峰谷电价的原因

相比较而言,居民对阶梯电价的认知程度比峰谷电价要高,已经实行阶梯电价的受访家庭占样本总数的41%。57%的受访者表示知道阶梯电价，48%的受访者表示了解阶梯电价，27%的受访者收到过电力公司关于阶梯电价的通知信息。阶梯电价第一档基本用电量可以根据家庭人口规模调整（户口本上人口越多，第一档电量越多），但需要户主本人携带有效证件至最近的电力营业厅申请，70%的受访者表示愿意主动申请。不愿意主动申请的原因与峰谷电价大致相同，认为即便超过第一档用电量，增加的电费也没多少的占样本总量的38%，不知道具体办理流程的占29%，认为准备材料太麻烦的占22%。

5. 其他家庭能源消费情况

如图3-71所示，调查样本中有454个受访家庭2012年使用集中供暖，占样本总数的31%，年均支出为2055元，其中99%是城镇家庭；590个受访家庭使用管道天然气或煤气，占样本数的41%，年均消费量和消费支出分别为277立方米和585元；蜂窝煤/煤球和薪柴秸秆在农村家庭中使用较多；柴油和其他燃料油的使用量较少，沼气几乎没有使用。

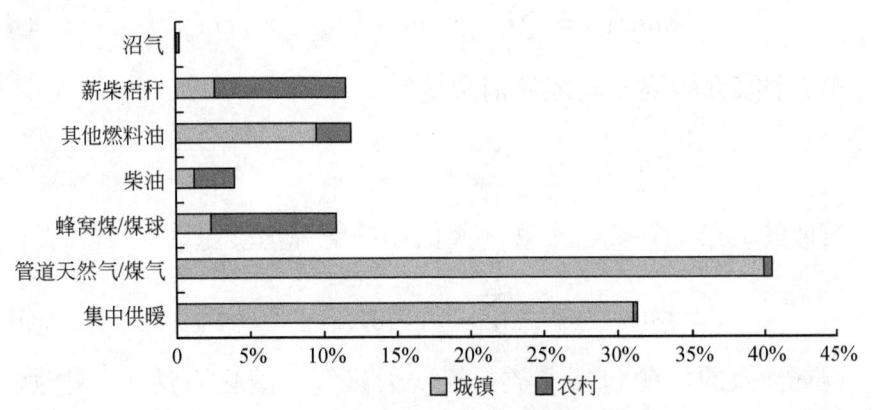

图3-71 城镇和农村家庭其他能源消费情况

第四章

家庭能源消费估计方法

第一节 基本思路与方法

假设有 i 个家庭，使用了 n 类能源种类（如煤、天然气、液化石油气、电力等），能源主要用于 m 类消费活动（如烹饪、家电使用、取暖制冷等）。对于第 i 个家庭，以 $\text{Energy}_{i,m,n}$ 表示第 n 种能源用于第 m 类活动的实物消费量，相应的可以根据每类能源品的折标系数 coef_n 调整为以千克标准煤（kgce）计量的标准能源消费量。第 i 个家庭全年的能源消费量按以下公式计算：

$$\text{Energy}_i = \sum_{m=1}^{M} \sum_{n=1}^{N} \text{Energy}_{i,m,n} \times \text{coef}_n \tag{4.1}$$

第 i 个家庭的第 n 类能源消费量为

$$\text{Energy}_{i,n} = \sum_{m=1}^{M} \text{Energy}_{i,m,n} \times \text{coef}_n \tag{4.2}$$

类似的，第 i 个家庭的第 m 类活动的能源消费量为

$$\text{Energy}_{i,m} = \sum_{n=1}^{N} \text{Energy}_{i,m,n} \times \text{coef}_n \tag{4.3}$$

调查涉及的能源包括七类：煤、天然气、液化石油气、电力、薪柴/秸秆、集中供暖和太阳能。家庭能源消费活动分为五类：炊事、取暖、制冷、家用电器和热水。为了同其他同类研究进行比较，本报告计算了家庭私人交通能源消费，但没有包含到家庭能源总消费中，仅

在第五节中进行描述性统计分析。

烹饪设备和家用电器的消费量主要由设备的单位能耗（如输出功率）、使用频率和使用时间决定。不同设备的能效和技术特征将在估计所采用的参数中加以考虑。家庭取暖的能耗受到取暖方式的影响。在集中式供暖系统下，取暖能耗被单列为一种能源类型，由于无法获取家庭所在城市的供热热源技术特征、燃料信息和管道热量耗损率等信息，本报告对其进行间接估算；在分户式供暖系统下，取暖能耗受到单位能耗（如空调的输出功率）和取暖时长的影响。以下将按家庭能源消费活动特征来分类估计能源消费量。

第二节　厨房设备能源消费估计

调查中所涉及的厨房设备包括主要的灶头设备，如蜂窝煤炉、柴火灶、电磁炉和煤气灶等；其他烹饪设备，如电饭煲、微波炉、烤箱等。厨房设备燃料包括煤球、薪柴/秸秆、电力、管道天然气/煤气、瓶装液化气、沼气及其他。计算厨房设备的能源消耗需要考虑以下几个因素：设备的单位小时能耗（如电器设备的输出功率）、每天使用频率、每次平均工作时间和每年使用天数。

烹饪设备的每天使用频率、每次平均工作时间和一年中所使用天数的乘积即为该设备每年的使用时间。设备一年中所使用天数为住户每年在该住房（接受调查时的住房）居住的天数。厨房设备每年的能源消耗由以下公式计算：

$$\text{Energy}_{\text{厨房设备}}(\text{kgce}/\text{年}) = \text{单位小时能耗}_{\text{厨房设备}}(\text{kgce}/\text{小时}) \times \text{使用时间}_{\text{厨房设备}}(\text{小时}/\text{年}) \quad (4.4)$$

灶头的单位小时能耗参数，除了以电力为燃料的设备直接采用其输出功率外，其他均查阅文献和行业技术标准来确定。其中煤炉的单位消耗速度为 0.33 千克/小时；以薪柴/秸秆为燃料的柴火炉的单位消耗速度为 2.00 千克/小时；以管道天然气/煤气为燃料的灶头的单位流量为 0.40 立方米/小时；以瓶装液化气为燃料的灶头的单位流量为 0.31 千克/小时。

第三节 家用电器的能源消费估计

问卷调查中所涉及的家用电器主要包括电冰箱与冷柜、洗衣机、电视机、个人计算机以及照明灯泡，设备燃料均为电力。计算家用电器的能源消耗需要考虑以下几个因素：设备的输出功率、设备容量、每天使用频率、每次平均工作时间、每年使用天数及其能源效率等。

1. 电冰箱与冷柜能耗的估计方法

在估计电冰箱与冷柜的耗电量时，由于没有获得设备功率和使用时间的信息，本报告通过电冰箱与冷柜的容量、基准耗电量参数和设备能源效率计算其耗电量。首先，将电冰箱的容量进行如下处理，设置各类型电冰箱的平均容量，小型冰箱的平均容量为 50 升；中型冰箱的平均容量为 112.5 升；大型冰箱的平均容量 200 升；超大型冰箱为容量大于 250 升的冰箱，取平均容量为 250 升。其次，根据《家用电冰箱耗电量限定值及能源效率等级（GB 12021.2—2008）》中提供的计算方法，估计电冰箱的基准耗电量。计算公式如下：

$$\text{Energy}_{base} = (M \times V_{adj} + N + CH) \times S_r/365$$
$$V_{adj} = \sum_{c=1}^{n} V_c \times F_c \times W_c \times CC \quad (4.5)$$

式中：Energy_{base} 为基准耗电量，单位：（千瓦·时）/24 小时；M 为参

数，单位：(千瓦·时)/升（其值见表4-1）；N为参数，单位：千瓦·时（其值见表4-1）；CH为变温室修正系数；S_r为穿透式自动制冷功能修正系数；V_{adj}为调整容积，单位为升；n为电冰箱不同类型间室的数量；V_c为某一类型间室的实测有效容积，单位为升；F_c为参数，电冰箱中采用无霜系统制冷的间室为1.4，其他类型间室为1.0；CC为气候类型修正系数；W_c为各类型间室的加权系数。

表4-1 冰箱能耗参数

类 别	M [（千瓦·时）/升]	N（千瓦·时）
无星级冷藏箱	0.221	233
1星级冷藏箱	0.611	181
2星级冷藏箱	0.428	233
3星级冷藏箱	0.624	223
冷藏冷冻箱	0.697	272
冷冻食品储藏箱	0.530	190
食品冷冻箱	0.567	205

由于调查中没有足够的信息（如电冰箱间室的数量、有效容积及其类型）来估计电冰箱的调整容积，采用各类型冰箱的平均容量作为替代，记为V，单位为升。同样的，也没有获取详细的变温室和穿透式自动制冷功能的信息，因此取CH和Sr的下限值，分别为CH = 0和Sr = 1。此外，也无法获得详细的冷藏箱类别来判定参数M和N的取值。目前，电冰箱的冷藏箱多为2星级冷藏箱和3星级冷藏箱，我们取两者参数的平均值，分别为M = 0.526和N = 228。

最后，考虑电冰箱的能源使用效率。依据《家用电冰箱耗电量限定值及能源效率等级（GB 12021.2—2008）》中提供的能效指数计算方法，电冰箱的实测耗电量等于其基准耗电量乘以能效指数。由于无法确认电冰箱各个间室的类型，2~5级能效的电冰箱取能效指数各区间的均值；1级能效的电冰箱取较低的能效指数0.4；无能效标识的电冰箱不作能效调整，取能效指数为1。其调整后的参数区间见表4-2。

表 4-2 冰箱的能效指数

能效等级	能效指数（冷藏冷冻箱）	能效指数（其他类型）	调整后的能效指数
1	[0，40%]	[0，50%]	0.4
2	(40%，50%]	(50%，60%]	0.5
3	(50%，60%]	(60%，70%]	0.6
4	(60%，70%]	(70%，80%]	0.7
5	(70%，80%]	(80%，90%]	0.8
无能效标识	—	—	1

因此电冰箱实测耗电量的计算公式为

$$\text{Energy}_{test} = \eta \times (M \times V + N)/365 \quad (4.6)$$

式中：Energy_{test} 为实测耗电量，单位：（千瓦·时）/24 小时；M 为参数，单位：（千瓦·时）/升；其值为 0.526（电冰箱）或 0.567（冷柜）；N 为参数，单位：千瓦·时；其值为 228（电冰箱）或 205（冷柜）；V 为电冰箱容量，单位：升；其值从调查中获得；η 为处理后的能效指数。

冷柜实测耗电量的计算公式与电冰箱相同。计算电冰箱与冷柜每年的能源消耗时，设备在一年中所使用的天数为住户每年在该住房（接受调查时的住房）居住的天数。计算公式如下：

$$\text{Energy}_{电冰箱与冷柜}(千克标准煤/年) = \text{Energy}_{test\ 电冰箱与冷柜}[（千瓦·时）/天]$$
$$\times\ 使用时间_{电冰箱与冷柜}(天/年)$$
$$\times\ 电力折标系数[千克标准煤/(千瓦·时)] \quad (4.7)$$

2. 洗衣机能耗的估计方法

在估计洗衣机的耗电量时，由于没有获得洗衣机功率的信息，通过洗衣机的类型来判断其功率的大小。依据一般洗衣机的技术标准，设定各类型洗衣机的单位功效耗电量，单位为（千瓦·时）/（标准洗·千克），即每千克容量，一次标准洗的耗电量，如下：单缸和

(半) 全自动波轮洗衣机的单位功效耗电量为 0.2（千瓦·时）/（标准洗·千克）；双缸洗衣机的单位功效耗电量为 0.35（千瓦·时）/（标准洗·千克）；滚筒和其他类型洗衣机的单位功效耗电量为 0.3（千瓦·时）/（标准洗·千克）。一般的，洗衣机一次标准洗通常为 45 分钟，调查所得洗衣机平均使用时间除以 45 分钟，可以得到以标准洗（cycle）来衡量的平均使用时间。再通过洗衣机容量、使用频率和能效标识等信息，可以估计其耗电量。洗衣机的"能效指数"由《电动洗衣机能效水效限定值及等级（GB 12021.4—2013）》提供。为方便起见，选取洗衣机的能效指数如表 4-3 所示。

表 4-3 洗衣机的能效指数

能效等级	能效指数
1	0.011
2	0.012
3	0.015
4	0.017
5	0.022
无能效标识	1

计算洗衣机每年的能源消耗时，设备在一年中所使用的天数为住户每年在该住房（接受调查时的住房）居住的天数。计算公式如下：

$$\text{Energy}_{\text{洗衣机}}(千克标准煤/年) = 单位功效耗能_{\text{洗衣机}}$$
$$[(千瓦·时)/(标准洗·千克)]$$
$$\times 容量_{\text{洗衣机}}(千克)$$
$$\times 使用时间_{\text{洗衣机}}(标准洗/年)$$
$$\times 电力折标系数[千克标准煤/(千瓦·时)]$$
$$(4.8)$$

3. 电视机能耗的估计方法

在估计电视机的耗电量时，由于没有获得电视机功率的信息，通过电视机的屏幕大小和主显示屏类型来判断其功率的大小。主显示屏类型详细划分为 CRT 显像管、液晶平板（LCD/LED）、等离子和投影，在估计时将主显示屏分为两类，CRT 显像管和其他显示屏。一般的，依据各类型电视机的技术参数，功率设置见表4-4。

表4-4 电视机的参考功率

屏幕大小（英寸）	功率（千瓦）	
	CRT 显像管	其他显示屏
(0, 29]	0.08	0.06
(29, 32]	0.12	0.15
(33, 42]	0.15	0.20
(43, 55]	0.20	0.25
>55	0.25	0.35

电视机的耗电量为参考功率与平均工作时间的乘积，并以能源消耗效率进行修正。在考虑电视机的平均工作时间时，本报告区分了工作日与周末电视机工作时长的不同。一般而言，周末电视机的平均工作时间较长。电视机每天的平均工作时间按以下公式计算：

$$\text{工作时间}_{\text{电视机}} = (\text{工作日每天工作时间} \times 5 + \text{周末每天工作时间} \times 2)/7 \tag{4.9}$$

在调查结果中，获得了电视机的能源效率标志，但无法获得相应的能效指数信息，因此未能考虑设备的能源消耗效率对其耗电量的影响。电视机耗电量的计算公式如下：

$$\text{平均耗能}_{\text{电视机}}[(\text{千瓦} \cdot \text{时})/\text{天}] = \text{工作时间}_{\text{电视机}}(\text{小时}/\text{天}) \times \text{功率}_{\text{电视机}}(\text{千瓦}) \tag{4.10}$$

计算电视机每年的能源消耗时，住户每年在该住房（接受调查时的住房）居住的天数为电视机在一年中所使用的天数。计算公式如下：

$$\text{Energy}_{\text{电视机}}(\text{千克标准煤}/\text{年}) = \text{平均耗能}_{\text{电视机}}[(\text{千瓦} \cdot \text{时})/\text{天}]$$
$$\times \text{使用时间}_{\text{电视机}}(\text{天}/\text{年})$$
$$\times \text{电力折标系数}[\text{千克标准煤}/(\text{千瓦} \cdot \text{时})] \tag{4.11}$$

4. 计算机能耗的估计方法

在估计计算机的耗电量时，由于没有获得计算机功率的信息，通过计算机的类型和显示屏类型来判断其功率的大小。计算机的类型包括台式计算机、笔记本计算机和平板计算机。其中台式计算机的显示屏主要有 CRT 显示器和液晶显示器两种。一般的，依据各类型计算机的技术参数，功率设置见表 4-5。

表 4-5　个人计算机的参考功率

个人计算机类型	参考功率/千瓦·时
台式机（液晶显示器）	0.25
台式机（CRT 显示器）	0.30
笔记本计算机	0.08
平板计算机	0.015

计算机的耗电量为参考功率与平均使用时间的乘积，并以能源消耗效率进行修正。在调查结果中，获得了计算机的能源效率标志，但无法获得相应的能效指数信息，因此未能考虑设备的能源消耗效率对其耗电量的影响。住户每年在该住房（接受调查时的住房）居住的天数为计算机在一年中所使用的天数。计算公式如下：

$$\text{Energy}_{计算机}(千克标准煤／年) = 功率_{计算机}(千瓦) \\ \times 工作时间_{计算机}(小时／天) \\ \times 使用时间_{计算机}(天／年) \\ \times 电力折标系数[千克标准煤／(千瓦·时)] \quad (4.12)$$

5. 照明灯泡能耗的估计方法

在估计家庭照明灯泡的耗电量时，本报告区分了灯泡每天使用的时间和灯泡类型。灯泡每天使用的时间为超过 12 小时、4~12 小时、1~4 小时和整夜（户外灯泡）。灯泡类型分为节能灯和非节能灯。一般的，节能灯的功率为 8 瓦，非节能灯的功率为 40 瓦。照明灯泡的耗电量为节能灯和非节能灯耗电量的总和。照明耗电量的计算公式如下：

$$耗电量_{节能灯泡}[(千瓦 \cdot 时)/天] = 功率_{节能灯泡}(千瓦) \\ \times 工作时间_{节能灯泡}(小时/天) \\ \times 数量_{节能灯泡} \quad (4.13)$$

$$耗电量_{非节能灯泡}[(千瓦 \cdot 时)/天] = 功率_{非节能灯泡}(千瓦) \\ \times 工作时间_{非节能灯泡}(小时/天) \\ \times 数量_{非节能灯泡} \quad (4.14)$$

$$耗电量_{照明}[(千瓦 \cdot 时)/天] = 耗电量_{节能灯泡} + 耗电量_{非节能灯泡} \quad (4.15)$$

计算灯泡每年的能源消耗时，考虑其在一年中所使用的天数，为住户每年在该住房（接受调查时的住房）居住的天数。计算公式如下：

$$Energy_{照明}(千克标准煤/年) = 耗电量_{照明}[(千瓦 \cdot 时)/天] \\ \times 使用时间_{照明}(天/年) \\ \times 电力折标系数[千克标准煤(千瓦 \cdot 时)] \quad (4.16)$$

第四节 取暖、制冷和热水器的能源消费估计

问卷调查中所涉及的家庭取暖包括集中式供暖和分户自供暖两种。家庭制冷设备包括电风扇和空调。取暖燃料种类较多，如电力、管道天然气/煤气、瓶装液化气、柴油、其他燃料油、薪柴/木炭/煤、地热等。制冷设备的燃料为电力。计算取暖能耗除考虑设备的每天使用频率、每次平均使用时间、每年使用天数以及设备的单位小时能耗（如电器设备的输出功率）等因素外，还需要考虑供热有效面积、建筑保

暖特性等因素。家庭制冷能耗的计算考虑设备的功率、能效及其在夏季的平均每天使用时间和使用天数。

1. 集中供暖能耗的估计方法

住宅取暖能耗的两种计量方法分别为：估计住宅取暖总能耗（source energy）和估计住宅交付能耗（site energy）。取暖总能耗是指为住宅提供一定的取暖能源所需要的全部未经加工和经加工的能源，包括能源的生产耗损、传输耗损等。交付能耗是指在住宅用户终端取暖所消耗的能源量。在估计集中供暖的能耗时，由于无法获取家庭所在城市的供热热源技术特征、燃料信息和管道热量耗损率等信息，间接地通过以下公式计算住宅的交付能耗：

$$\text{Energy}_{集中供暖}(千克标准煤/年)$$
$$= 单位面积建筑基准能耗_{集中供暖}(千克标准煤/米^2 \cdot 采暖季)$$
$$\times 建筑调整系数$$
$$\times 住房使用面积(米^2)$$
$$\times 标准采暖季_{集中供暖}(采暖季/年) \tag{4.17}$$

首先，根据家庭住房的建筑年代设定其基准能耗。根据我国颁布的相关供暖要求（采暖季内室温不低于18摄氏度）和相关能耗技术标准，单位面积建筑供暖基准能耗设定如下，基本特征是住房的建筑年龄越短，其保暖效果越好。具体设定见表4-6。

表4-6　各年代住房单位面积建筑基准能耗

住房建筑年代	单位面积建筑能耗（千克标准煤/米²，维持室温18摄氏度/采暖季）
1980年以前	31.68
1980~1989年	25.30
1990~1999年	20.60
2000~2009年	18.60
2010年及以后	12.50
信息缺失	25.00

其次，考虑到对住房的建筑改造将会影响到热量的流失量，从而影响供暖能耗，在此设定了相应的调整系数：如果对门窗进行封边处理，可以降低10%的能耗损失；如果对外墙进行保暖改造，可以减少30%的热量损耗；如果对阁楼、天花板和管道进行隔热处理，可以节能10%。

由于集中式供暖是对整个家庭住宅进行供暖，因此供暖面积采用家庭住房的实际使用面积；若该变量的数据缺失，则选择集中式供暖的家庭平均住房使用面积85平方米。

由于不同地区采暖季时长不同，为了基于统一的采暖季进行比较，需要进行调整。采暖季时长依据调查数据中的"采暖时长（月）"和集中式供暖的样本均值3.91个月来进行调整；若"采暖时长（月）"数据缺失，则采暖时长为3.91个月。设定一个采暖季为3.91个月，则每个家庭的采暖季时长为"采暖时长（月）/3.91"。

2. 分户自供暖能耗的估计方法

与集中式供暖不同，分户自供暖并不是全天在所有住房面积上进行供暖。由于各个家庭采暖所使用的设备和燃料以及采暖时长不同，按供暖设备及其燃料分类，估计全年的供暖能耗。各类燃料的消费量将转化为以千克标准煤（kgce）计量的能耗。

空调取暖：根据《房间空气调节器能效限定值及能效等级（GB12021.3—2010）》，空调实际输出功率等于其输出功率乘以定变频调整系数，再除以能效比（EER）。其中，空调的输出功率按照额定功率来进行计算[①]；区分定频和变频空调，其定变频系数分别为1和0.7，信息缺失时默认为定频空调；空调能效比（EER）反映空调的能效等级，一级能效、二级能效、三级及以上能效空调的EER分别取值

---

① 一般而言，空调的输出功率（千瓦）= 735瓦×（额定功率/2500瓦）/1000。

为 3.6、3.4 和 3.2，信息缺失时默认为 3.2。根据每天采暖时长（小时）和全年采暖天数（天），即可计算空调采暖全年的用电量。

电暖器和电油热汀取暖：电暖器和电油热汀的功率均设定为 1200 瓦，乘以每天采暖时长（小时）和全年采暖天数（天），即可计算电暖器和电油热汀采暖全年的用电量。

电加热锅炉：电加热锅炉为住宅全部面积供暖，假定电加热锅炉的单位面积热负荷为 0.06 千瓦/平方米，热负荷系数 0.6，锅炉每天的工作时间为 6 小时。将上述参数相乘，并乘以房屋实际使用面积（平方米）、每天采暖时长（小时）和全年采暖天数（天），即可得到电锅炉全年的用电量。

天然气消耗：如果采用天然气作为锅炉取暖的燃料，假定天然气每天的单位面积热负荷为 0.0632 立方米/（平方米×天），该系数乘以住房实际使用面积可得家庭每天使用天然气取暖的能耗，进而可以得到全年的天然气消耗量。

薪柴消耗：以薪柴作为燃料的采暖设备有锅炉和采暖火炉。当采用锅炉取暖时，假定薪柴每天的单位面积热负荷为 0.1 千克/（平方米×天），该系数乘以住房实际使用面积可得家庭每天使用薪柴锅炉取暖的能耗，进而可以得到每小时的薪柴消耗量。当使用采暖火炉时，假定每小时需要燃烧 2 千克木柴取暖，该系数乘以每天采暖时长和全年采暖天数，可得全年的薪柴火炉取暖的能耗。

一般的估算公式可表达为：

$$
\begin{aligned}
\text{Energy}_{\text{分户自供暖：空调}}(千克标准煤／年) =\ & 输出功率_{\text{分户自供暖：空调}}(千瓦) \\
& \times 类型和能效调整系数_{\text{分户自供暖：空调}} \\
& \times 采暖时长_{\text{分户自供暖：空调}}(小时／天) \\
& \times 采暖天数_{\text{分户自供暖：空调}}(天／年) \\
& \times 电力折标系数[千克标准煤／(千瓦·时)]
\end{aligned}
$$

(4.18)

$\text{Energy}_{\text{分户自供暖：其他}}(千克标准煤／年)$

$$= 单位面积热负荷_{分户自供暖:其他}(千克标准煤/平方米 \times 天)$$
$$\times 住房使用面积(平方米)$$
$$\times 采暖天数_{分户自供暖:其他}(天/年) \tag{4.19}$$

3. 热水器能耗的估计方法

在估计热水器的能源消耗时，由于没有获得热水器单位小时能耗（如电器设备的输出功率）的信息，通过热水器的类型、燃料和容量进行推测。热水器的类型包括储水式热水器和即热式热水器。储水式热水器的燃料主要为电力和管道天然气/煤气，为计算方便，将燃气式储水热水器调整为即热式热水器。即热式热水器的燃料包括电力、管道天然气/煤气、瓶装液化气和太阳能。储水式热水器的功率根据其容量来判断，即热式热水器的单位小时能耗根据燃料种类提出。热水器的参考单位小时能耗由表 4-7 列出。总的来说，热水器的能耗是其单位小时能耗和工作时间的乘积。由于储水式热水器和即热式热水器的工作时间有很大的差异，分别计算储水式热水器和即热式热水器的能耗。

表 4-7 热水器的参考单位小时能耗

储水式热水器		即热式热水器	
热水器容量/升	功率/千瓦	热水器燃料	单位能耗
(0, 30]	1.00	电力	5 千瓦/小时
(30, 60]	1.25	管道天然气/煤气	2 立方米/小时
(60, 100]	1.50	瓶装液化气	1.8 千克/小时
(100, 180]	2.00	太阳能	0.4514 千克标准煤/90 升
>180	2.50	—	—

1）储水式热水器

储水式热水器的工作时间按以下方法进行计算。若热水器全天一直处于工作状态，则实际工作时间为 3 小时；若热水器仅在使用热水时加热，则实际工作时间为 0.5 小时。储水式热水器工作一次所提供的热水能够满足一般家庭平均一天的热水使用量，一般家庭平均每天使用热水器 1.025 次，用各个家庭每天平均使用热水器的次数进行调整。若家庭每天平均使用热水器的次数超过 1.025 次，则热水器重新为水加热，即热水器每天的工作频率为（热水器每天平均使用次数/1.025）。储水式热水器的能效指数由《储水式电热水器能效限定值及能效等级（GB 21519—2008）》提供，取能效指数的上限值，如表 4-8 所示。

表 4-8 储水式热水器的能效指数

能效等级	能效系数
1	0.6
2	0.7
3	0.8
4	0.9
5	1.0
无能效标识	1.0

储水式热水器的耗电量为能效指数、功率、工作时间和每天工作频率的乘积，需要考虑其在一年中所使用的天数。计算公式如下：

$$\begin{aligned}\text{Energy}_{储水式热水器}(千克标准煤/年) =\ & 功率_{储水式热水器}(千瓦)\\ & \times 工作时间_{储水式热水器}(小时/次)\\ & \times 工作频率_{储水式热水器}(次/天)\\ & \times 能效指数_{储水式热水器}\\ & \times 使用时间_{储水式热水器}(天/年)\\ & \times 电力折标系数[千克标准煤/(千瓦·时)]\end{aligned} \quad (4.20)$$

2）即热式热水器

即热式热水器的工作时间按以下方法进行计算。对于以电力、管道天然气/煤气和瓶装液化气为燃料的即热式热水器而言，热水器每次的工作时间为每次平均使用热水器的时长，且没有能源使用效率的信息。因此，这类即热式热水器的能耗为单位小时能耗、工作时间和每天工作频率的乘积。对于以太阳能为燃料的即热式热水器而言，依据热水器的容量来估计能耗，加热90升的水需要消耗太阳能0.4514千克标准煤。具体的计算公式如下：

即热式热水器的能耗$_{电力}$(千克标准煤／天) = 功率(千瓦)
$\qquad$ × 工作时间(小时／天)
$\qquad$ × 电力折标系数[千克标准煤／(千瓦·时)]
$\hfill$(4.21)

即热式热水器的能耗$_{燃气}$(千克标准煤／天) =
$\qquad$ 单位小时耗气量(立方米／小时) × 工作时间(小时／天)
$\qquad$ × 燃气折标系数(千克标准煤／立方米) $\hfill$(4.22)

即热式热水器的能耗$_{液化气}$(千克标准煤／天)
$\qquad$ = 单位小时耗气量(千克／小时)
$\qquad$ × 工作时间(小时／天)
$\qquad$ × 液化气折标系数(千克标准煤／千克) $\hfill$(4.23)

即热式热水器的能耗$_{太阳能}$(千克标准煤／天)
$\qquad$ = 单位能耗(千克标准煤／90升)
$\qquad$ × 加热热水量(90升／天) $\hfill$(4.24)

计算即热式热水器每年的能源消耗时，需要考虑其在一年中所使用的天数：

Energy$_{即热式热水器}$(千克标准煤／年) = 能耗$_{即热式热水器}$(千克标准煤／天)
$\qquad$ × 使用天数$_{即热式热水器}$(天／年) $\hfill$(4.25)

4. 制冷能耗的估计方法

家庭制冷设备包括电风扇和空调。在估计电风扇的耗电量时，设定一般电风扇的功率为50瓦。在调查中获得了夏季平均每天使用电风扇的时长和夏季平均使用天数，可以估计出电风扇每年的耗电量。电风扇耗电量的计算公式如下：

$$\begin{aligned}\text{Energy}_{\text{电风扇}}(\text{千克标准煤}/\text{年}) = &\ \text{功率}_{\text{电风扇}}(\text{千克})\\ &\times \text{工作时间}_{\text{电风扇}}(\text{小时}/\text{天})\\ &\times \text{夏季使用天数}_{\text{电风扇}}(\text{天}/\text{年})\\ &\times \text{电力折标系数}[\text{千克标准煤}/(\text{千瓦}\cdot\text{时})]\end{aligned} \quad (4.26)$$

根据《房间空气调节器能效限定值及能效等级（GB12021.3-2010）》，空调实际输出功率等于其输出功率乘以定变频调整系数，再除以能效比（EER）。其中，空调的输出功率按照额定功率来进行计算；区分定频和变频空调，其定频、变频系数分别为1和0.7，信息缺失时默认为定频空调；空调能效比（EER）反映空调的能效等级，一级能效、二级能效、三级及以上能效空调的EER分别取值为3.6、3.4和3.2，信息缺失时默认为3.2。根据每天制冷时长（小时）和夏天制冷天数（天），空调制冷的耗电量按以下公式计算：

$$\begin{aligned}\text{Energy}_{\text{空调制冷}}(\text{千克标准煤}/\text{年}) = &\ \text{输出功率}_{\text{空调制冷}}(\text{千瓦})\\ &\times \text{类型和能效调整系数}_{\text{空调制冷}}\\ &\times \text{工作时间}_{\text{空调制冷}}(\text{小时}/\text{天})\\ &\times \text{夏季使用天数}_{\text{空调制冷}}(\text{天}/\text{年})\\ &\times \text{电力折标系数}[\text{千克标准煤}/(\text{千瓦}\cdot\text{时})]\end{aligned}$$

$$(4.27)$$

第五节　家庭私人交通的能源消费估计

问卷调查中所涉及的家庭交通方式包括公共交通和私人交通两类。本部分讨论家庭的私人交通方式能耗，包括普通汽车的耗油量和电瓶车的耗电量。计算家庭私人交通方式能耗需要考虑以下几个因素：普通汽车全年行驶里程和实际百公里油耗，电瓶车的充电频率、充电时间、功率和使用时长等。

汽车的实际耗油量通过其实际百公里油耗和2012年全年行驶里程相乘而得。公式如下：

$$\text{Energy}_{汽车}(千克标准煤/年) = 实际油耗_{汽车}(升/100千米)$$
$$\times 行驶里程_{汽车}(100千米/年)$$
$$\times 燃油折标系数(千克标准煤/升) \quad (4.28)$$

电瓶车的年耗电量由其功率、每天充电频率、充电时长和骑行天数共同决定。一般的，电瓶车的平均功率为240瓦；骑行天数为2012年的工作日天数，250天。因此，电瓶车能耗的计算公式如下：

$$\text{Energy}_{电瓶车}(千克标准煤/年) = 0.24千瓦$$
$$\times 充电时长_{电瓶车}(小时/次)$$
$$\times 充电频率_{电瓶车}(次/天)$$
$$\times 250(天/年)$$
$$\times 电力折标系数[千克标准煤/(千瓦·时)]$$
$$(4.29)$$

加总汽车和电瓶车的能耗后，平均家庭私人交通能耗为433.06千克标准煤/年。其中，家庭汽车耗油量为425.04千克标准煤/年，电瓶车耗能为8.01千克标准煤/年。家庭汽车耗能、电瓶车耗能以及私人交通耗能的描述性统计见表4-9。

表4-9　家庭私人交通每年的耗能量

变量	单位	观察值	平均值	标准差	最小值	最大值
家庭汽车耗能	千克标准煤/年	1 450	425.04	867.69	0.00	5 879.71
家庭电瓶车耗能	千克标准煤/年	1 450	8.01	21.57	0.00	221.22
家庭私人交通耗能	千克标准煤/年	1 450	433.06	866.22	0.00	5 879.71

第五章

家庭能源消费分析与比较

问卷调查中所涉及的家庭消费能源种类包括煤、管道天然气/煤气、瓶装液化气、电力、热力（指用于集中供暖的蒸汽、热水和热风等）、薪柴/秸秆/木炭和太阳能。家庭能源消费活动包括烹饪、家电使用、取暖制冷等。本部分的分析中不考虑家庭交通耗能，以便用能源平衡表和能流图来描绘我国家庭能源消耗的情况，并进行城乡对比和国际比较。

第一节 中国家庭能源平衡表和能流图

表 5-1 中的家庭能源平衡表按家庭消费的能源种类和家庭能源消费活动进行汇总，依据能源平衡表绘制了能源流量图（图 5-1）。可以看出：2012 年，一个标准家庭能源总消费量的均值为 1426 千克标准煤/年[①]。从各类能源的消耗量来看，用于集中供暖的热力消耗最多，管道天然气/煤气和电力的消耗也较多，而瓶装液化气、太阳能和煤的消耗量较少。从能源消费活动来看，家庭取暖和烹饪的耗能最多。

---

① 标准家庭：家庭能源消费量按全样本（1450 户家庭）平均。

表5-1 标准中国家庭2012年能源消费平衡表

能源活动		煤	管道天然气/煤气	瓶装液化气	电力	热力	薪柴/秸秆	太阳能	总能耗
烹饪	灶头	15.83	135.42	55.56	18.89		69.01		294.71
	电饭煲				21.12				21.12
	微波炉				4.38				4.38
	烤箱				0.24				0.24
	面包机				0.18				0.18
	高压锅				4.59				4.59
	其他				1.78				1.78
家用电器	电冰箱				21.84				21.84
	冷柜				1.33				1.33
	洗衣机				10.01				10.01
	电视机				28.34				28.34
	个人计算机				20.65				20.65
	照明灯泡				20.11				20.11
家庭取暖	集中供暖					647.02			647.02
	独立供暖-空调				3.95				3.95
	独立供暖-电暖气/油热汀				6.53				6.53
	独立供暖-锅炉管道		7.32		0.48		9.92		17.71
	独立供暖-火炉						88.47		88.47
	热水器		110.80	29.30	27.08			37.57	204.74
	电风扇				2.26				2.26
家庭制冷	空调				25.94				25.94
总能耗		15.83	253.54	84.86	219.70	647.02	167.40	37.57	1425.92

图 5-1 标准中国家庭2012年能源流量图

第五章 家庭能源消费分析与比较

····93

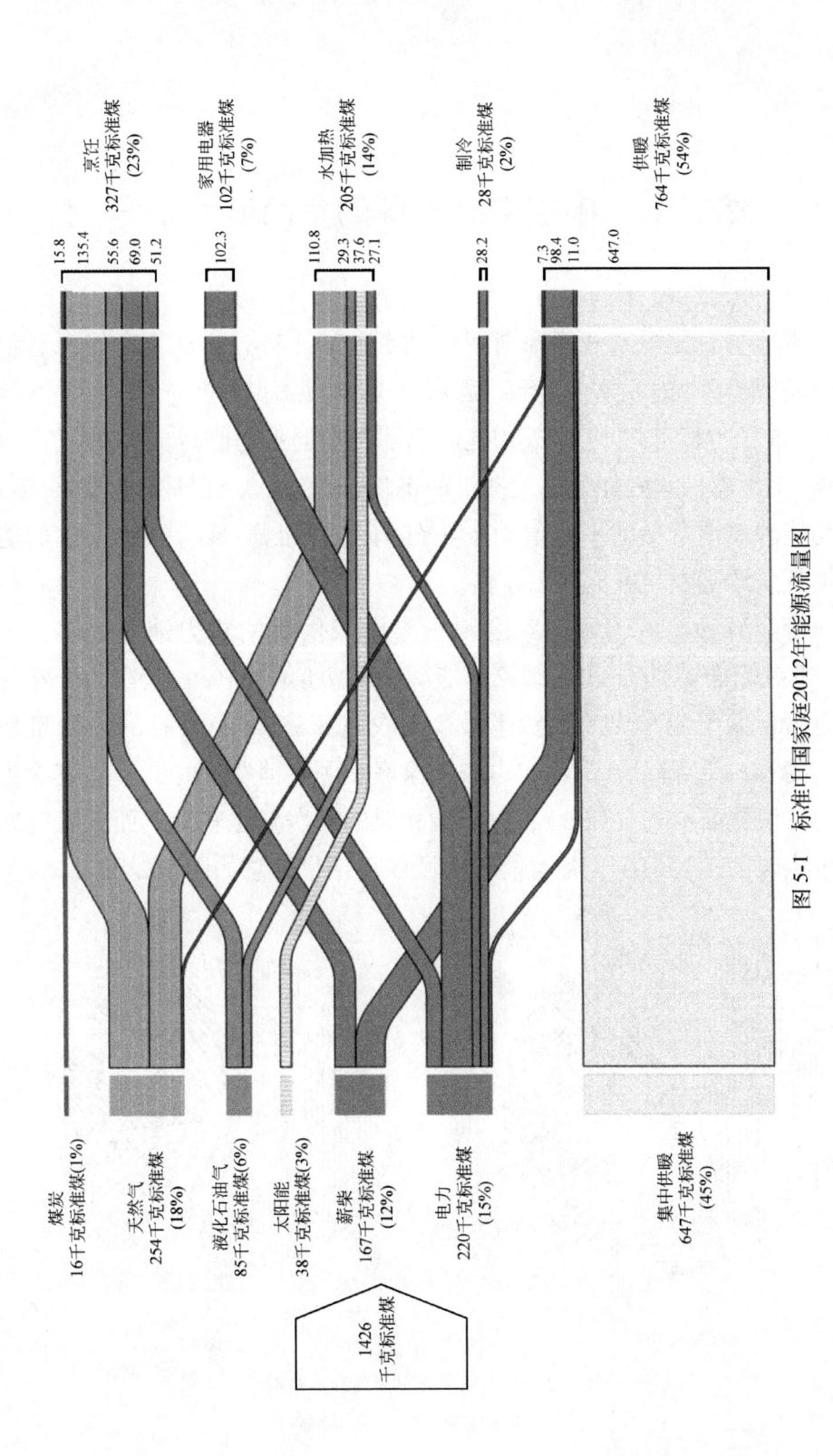

第二节 中国家庭能源消费的城乡差异

本节主要分析家庭能源消费的城乡差异。首先，从家庭能源总消费量及其人均消费量的看，城镇家庭能源总消费量的平均值为 1506.85 千克标准煤/年；人均能源总消费量的平均值为 653.00 千克标准煤/年。农村家庭能源总消费量的平均值为 1100.41 千克标准煤/年；人均能源总消费量的平均值为 446.69 千克标准煤/年。城镇家庭的能源消耗量约为农村家庭的 1.4 倍。

分能源种类看，城镇家庭用于集中式供暖的热力消耗最多，为 800 千克标准煤/年，占城镇家庭能源总消费量的 53%；其次为天然气和电力；太阳能和煤的消费量最少。农村家庭薪柴/秸秆的消费量较高，为 648 千克标准煤/年，占农村家庭能源总消费量的 59%；其次为电力和液化石油气（LPG）；太阳能和煤的消费量也较高；而天然气和集中供暖的消耗最少。各类能源的城乡消耗量汇总如图 5-2 所示。

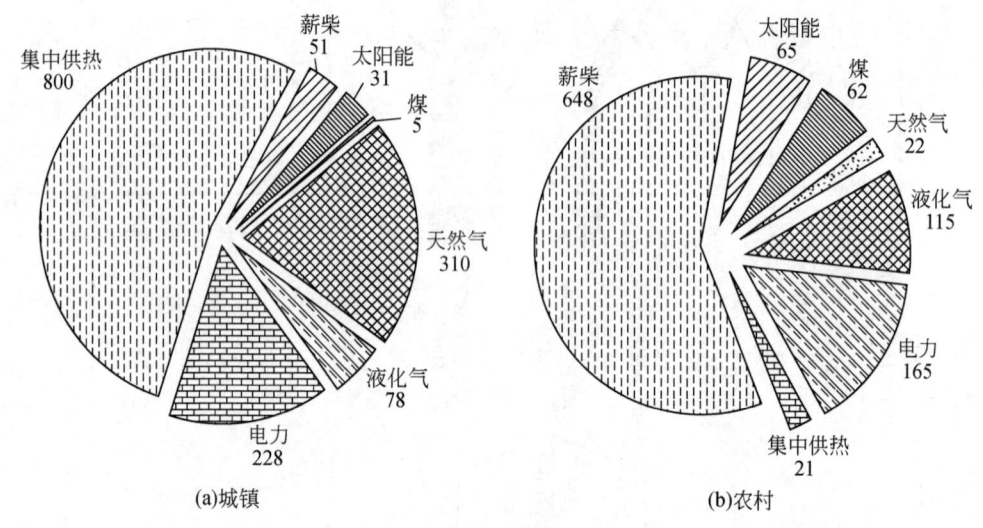

图 5-2 城乡家庭能源消费种类差别

注：图中数字对应单位为千克标准煤/年

从家庭能源消费活动上看，城镇家庭和农村家庭每年各类设备能耗的差异用图 5-3 表示。可以看出，农村家庭厨房设备的耗能（470 千克标准煤/年）远远高于城镇家庭（287 千克标准煤/年）；而城镇家庭取暖设备能耗较高，为 844 千克标准煤/年，农村家庭取暖能耗仅为 439 千克标准煤/年。无论在城镇家庭还是农村家庭，家庭热水、家用电器和家庭制冷设备的能耗较低。

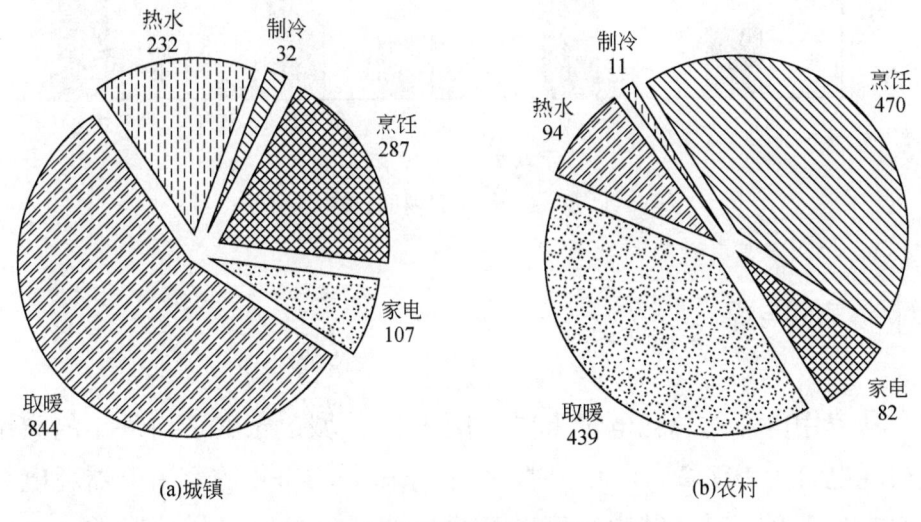

图 5-3 城乡家庭能源消费活动差别

注：同图 5-2 注

以下对每种能源消费活动进行城乡间比较。

1. 烹饪

从烹饪耗费的总能源来看（图5-4），城镇家庭平均每年的烹饪耗能为 291.22 千克标准煤；农村家庭平均每年的烹饪耗能为 474.30 千克标准煤。可以看出，农村家庭的烹饪能耗比城镇家庭的多，约为城镇家庭烹饪能耗的 1.6 倍。分能源种类来考虑，城镇家庭的管道天然气/煤气的消耗量远远超过农村家庭，薪柴/秸秆的消耗量远远低于农村家庭；城镇家庭的煤和瓶装液化气的消耗量少于农村家庭；两者的

第五章 家庭能源消费分析与比较

····95

电力消耗量相近。

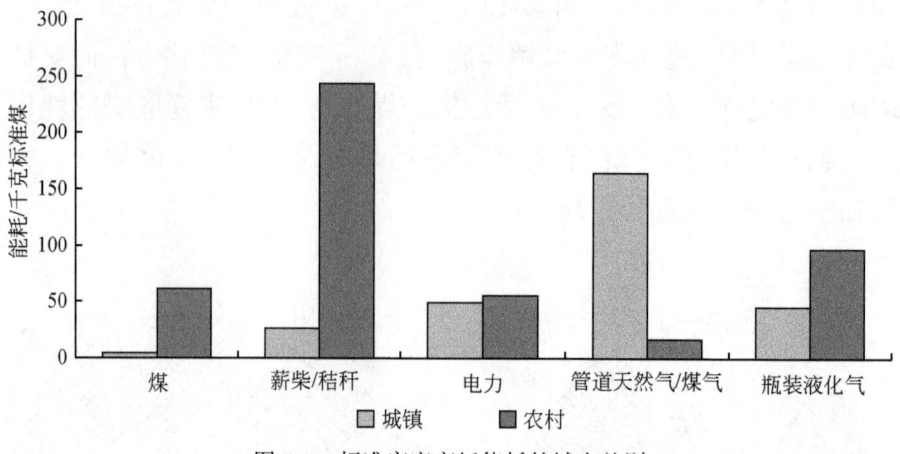

图 5-4 标准家庭烹饪能耗的城乡差别

2. 家用电器

从家用电器的总耗电量来看（图 5-5），城镇家庭平均每年的家用电器耗电量为 107.25 千瓦·时。农村家庭平均每年的家用电器耗电量为 82.13 千瓦·时。城镇家庭的家用电器耗电量比农村家庭的多，约为农村家庭家用电器耗电量的 1.3 倍。分家用电器设备来考虑，城镇

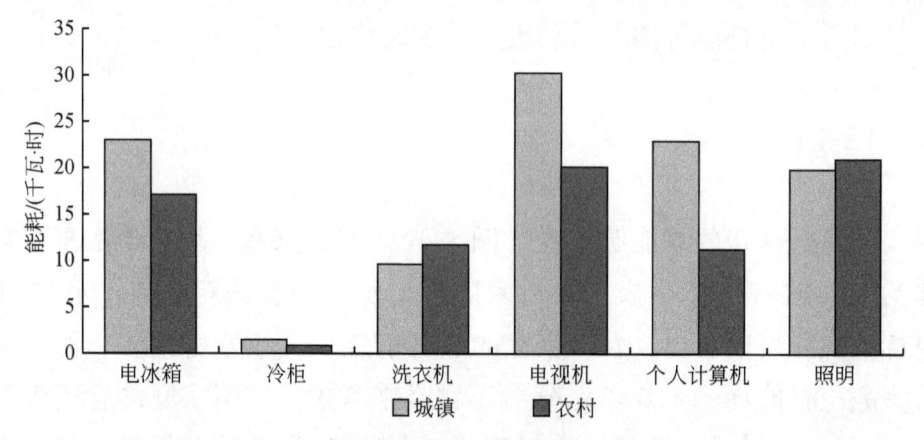

图 5-5 标准家庭家用电器能耗的城乡差别

家庭的电视机和个人计算机的能耗远远高于农村家庭；而农村家庭的洗衣机和照明能耗略高于城镇家庭；无论在城镇家庭还是农村家庭，电冰箱的能耗均比冷柜的能耗高。

3. 取暖和制冷

从集中式供暖、分户自供暖和热水器的各类燃料能耗来考虑取暖能耗的城乡差别。城镇家庭每年集中式供暖的耗能比农村家庭的多，但农村家庭每年分户自供暖的能耗更多。从供暖总能耗上来看，城镇家庭的供暖总能耗高于农村家庭。城镇家庭热水器的能耗较高，能耗最高的燃料为管道天然气/煤气；农村使用较多的是太阳能加热热水。此外，城镇家庭每天的制冷总能耗约为农村家庭的3倍。其中，城镇家庭采用空调制冷的能耗较多。城乡家庭在供暖、制冷和加热热水上的分类比较见表5-2。

表5-2 标准家庭取暖能耗的城乡差别 （单位：千克标准煤）

类 别	能源消费量	
	城镇	农村
供暖总能耗	844.15	438.96
集中式供暖	800.41	21.01
分户自供暖	43.74	417.96
电力	10.42	13.31
天然气/煤气	9.12	
薪柴/木炭/煤	24.20	404.65
制冷总能耗	32.07	10.98
空调	30.23	7.69
风扇	2.01	3.31
热水器	232.17	94.03
电力	32.13	6.16
天然气/煤气	136.75	5.36
液化气	32.16	17.94
太阳能	31.13	64.57

第三节 中国家庭能源消费的国际比较

2012年，我国家庭能源消费水平为1425.92千克标准煤，与OECD国家或一些发达国家相比，我国家庭能源消费水平较低，如表5-3所示。2012年我国家庭能源消费量相当于美国家庭2009年的44%，相当于欧盟27国2008年平均家庭消费量的38%。

表5-3 家庭能源消费总量的国际对比 （单位：千克标准煤）

国家	家庭能源消费总量
美国（2009年）	3 227
加拿大（2010年）	3 287
欧盟27国（2008年）	3 717
德国（2008年）	2 288
法国（2008年）	2 244
英国（2008年）	2 353
中国（2012年）	1 426

数据来源：美国（2009）：U.S. EIA：2009 RECS Survey Data, http：//www.eia.gov/consumption/residential/data/2009/index.cfm？view=consumption

加拿大（2010）：Natural Resources Canada：Statistics Canada's Report on Energy Supply-Demand in Canada（RESD），http：//data.gc.ca/data/en/dataset/27155507-0644-4077-9a97-7b268dfd8e58

欧盟27国（2008）及其成员国：EU-ODYSSEE：Household Energy consumption, http：//www.indicators.odyssee-mure.eu/online-indicators.html

中国（2012）：本次调研数据计算结果

为从居民部门的能源消耗种类和能源消费活动上进行国际比较，基于上述能源平衡表和部分国家的能源平衡表进行比较，如图5-6所示。从能源种类来看，和大部分国家的居民部门能源消费相似的是，我国居民部门的天然气和电力消费较多，液化石油气和薪柴/秸秆的消费较少。需要指明的是，美国和加拿大居民不直接使用煤作为燃料；而在英国和德国，煤炉是其居民主要的取暖设备，因而煤的消耗量是我国的两倍。

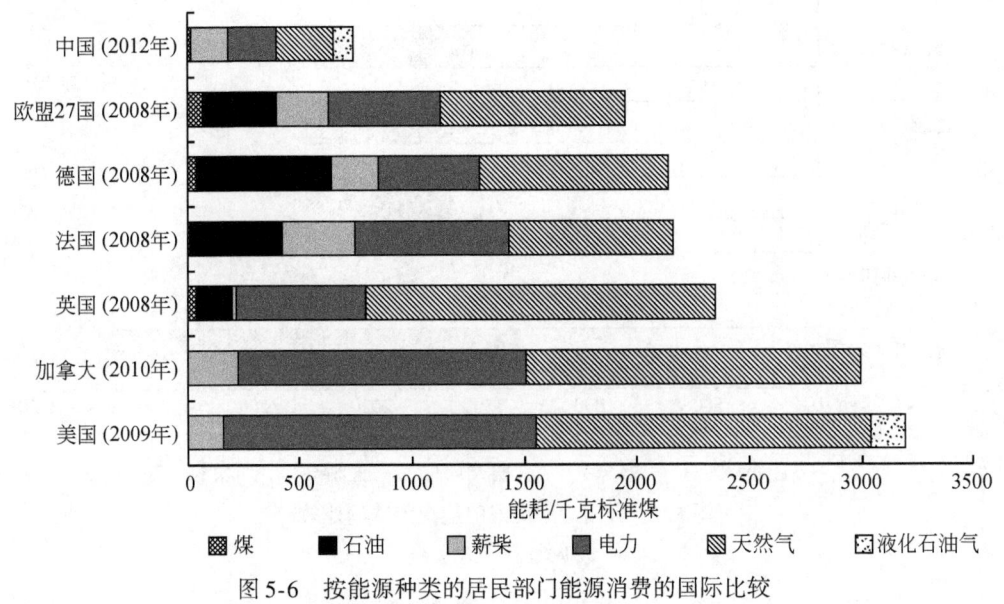

图 5-6　按能源种类的居民部门能源消费的国际比较

注：中国（2012）煤油和农业用能损耗数据不可得；其他国家中未统计太阳能消费量

数据来源：同图 5-5

从家庭能源消费活动上看（图 5-7），和大部分国家的居民部门能源消费相似的是，我国居民部门的家庭取暖能耗较高，家用电器和热水器的耗能较少。家庭制冷的耗能最少。和大部分国家的居民部门能源消费不同的是，我国居民部门的厨房设备耗能较多，占家庭能源消费总量的 23%。

除了能源消费总量和消费结构对比外，本报告还对能源价格和支出成本进行了对比。图 5-8 对比了中国家庭与其他国家居民部门的用电价格。可以看出，中国居民用电价格低于国际水平。居民电价最高的是丹麦，2011 年其价格为 2.643 元/（千瓦·时），是中国 2012 年居民用电价格的 5 倍。

最后我们比较了问卷的中国家庭与其他国家居民的电力支出占总

图 5-7　分用途居民部门能源消费的比较

数据来源：同图 5-5

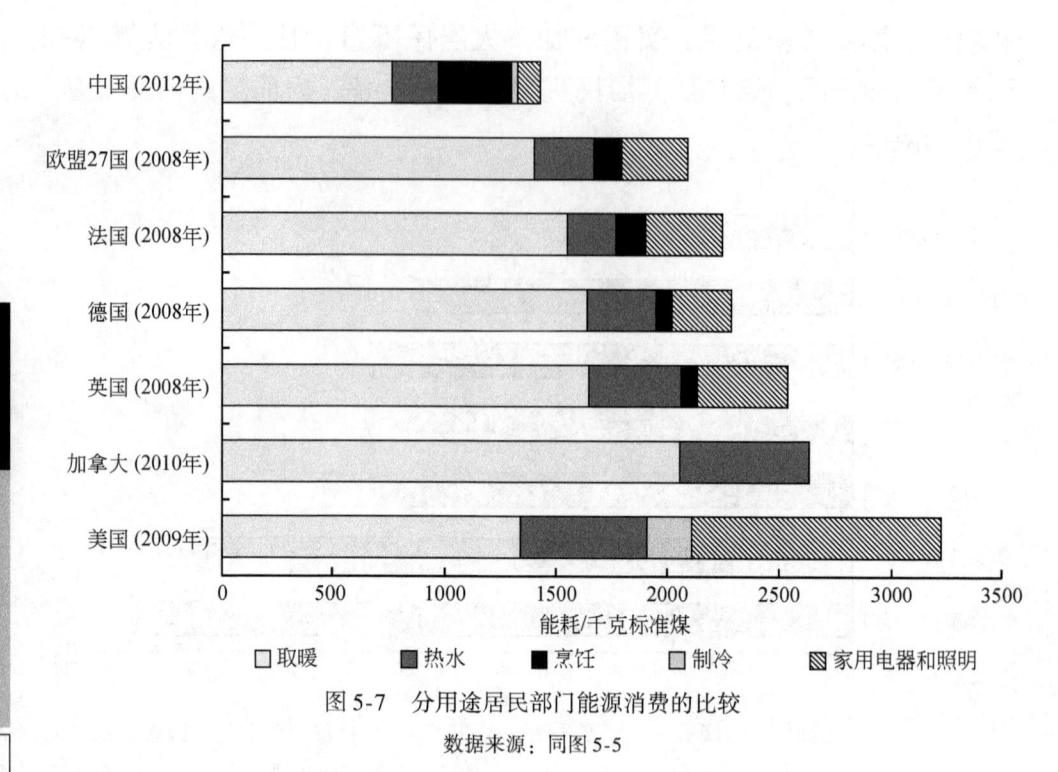

支出比重。比较的数据有两个来源：一是能源观察网发布的各国居民用电负担程度，其对包括中国在内的世界 15 个国家 2011 年居民用电负担进行了测算[①]；二是世界银行对 9 个亚非发展中国家居民能源消费与支出的报告。对比的结果如图 5-9 所示。可以看出，调研家庭在 2012 年的电力支出占总支出比重为 1.7%，这同美国、加拿大家庭 2011 年的比重接近，同时也同此前对中国 2011 年统计数字接近（2.08%）。电力消费占比最低的为肯尼亚，其 2005~2006 年的家庭电力消费仅占全年消费总额的 0.2%，最高的是巴基斯坦，2004~2005

---

① 居民用电负担（人均年生活电费支出/人均年最终消费支出）=（人均年生活用电量×居民电价）/（居民最终消费年支出/人口）×100%。其中人均年生活用电量来自国网能源研究院《国际能源与电力统计手册（2013 年）》，居民电价数据来自 IEA 发布的《能源价格与税收》报告；居民最终消费支出来自国家统计局出版的《国际统计年鉴 2013》，而统计年鉴引用的是世界银行的世界发展指数数据库（WDI）；人口数据来自 IEA《OECD 国家能源统计 2013》和《非 OECD 国家能源统计 2013》。

年该国家庭电力消费占家庭支出的3.8%。

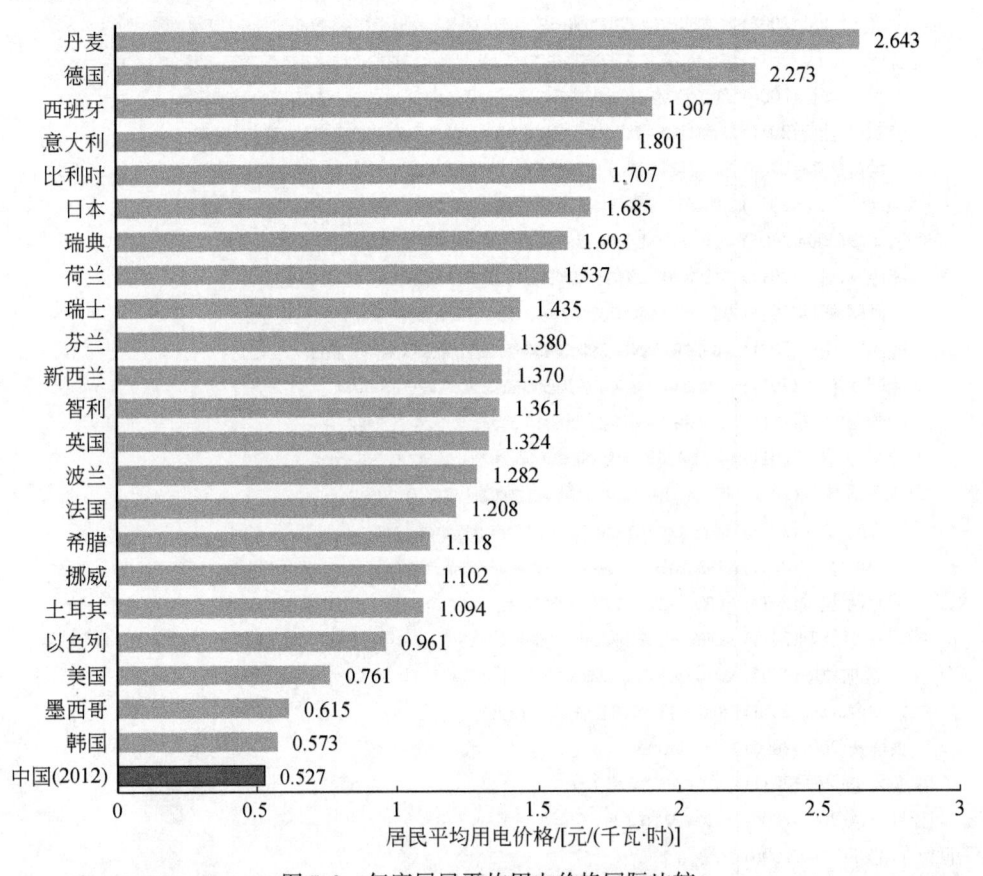

国家	居民平均用电价格/[元/(千瓦·时)]
丹麦	2.643
德国	2.273
西班牙	1.907
意大利	1.801
比利时	1.707
日本	1.685
瑞典	1.603
荷兰	1.537
瑞士	1.435
芬兰	1.380
新西兰	1.370
智利	1.361
英国	1.324
波兰	1.282
法国	1.208
希腊	1.118
挪威	1.102
土耳其	1.094
以色列	0.961
美国	0.761
墨西哥	0.615
韩国	0.573
中国(2012)	0.527

图5-8 年度居民平均用电价格国际比较

数据来源：中国的数据源于此次问卷所得，其他国家居民电价数据为2011年价格，来自于IEA发布的《IEA Statistics：Electricity Information（2012）》，美元按照当年平均汇率6.4588换算

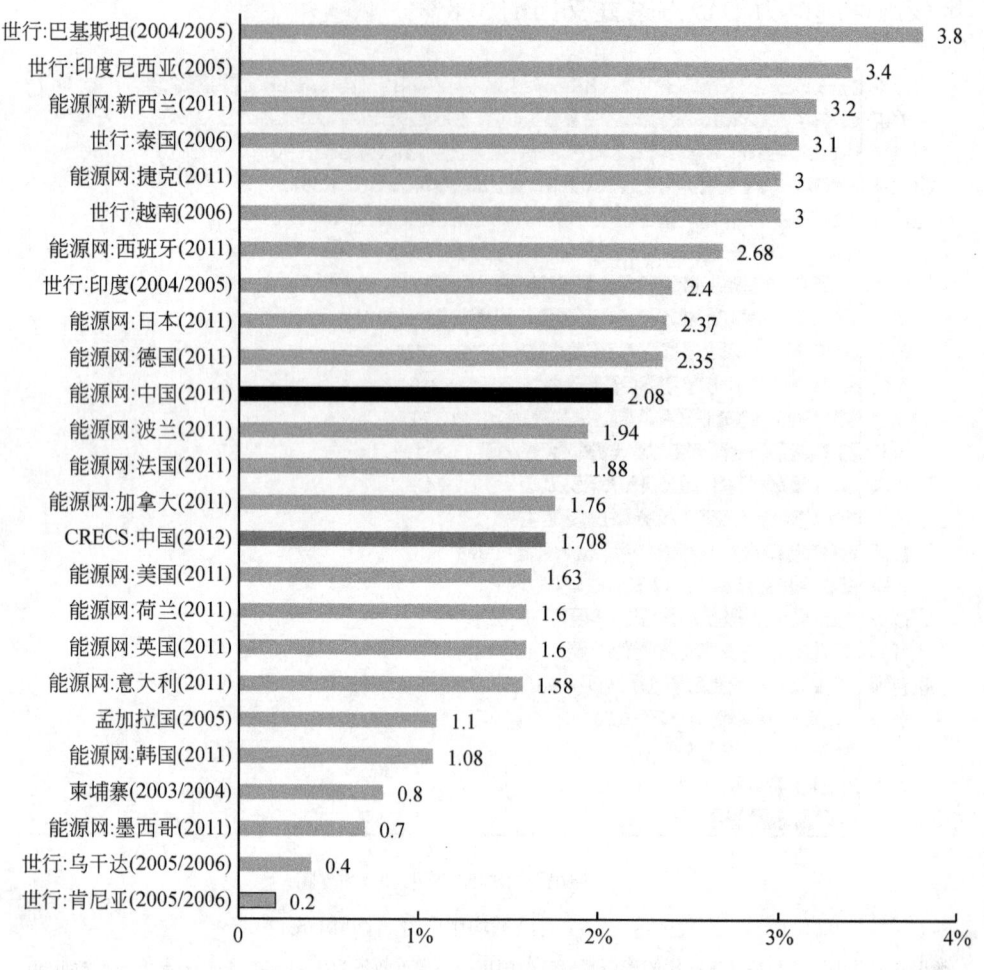

图 5-9　居民电力支出占总支出比重国际比较

注：世界银行简称世行；能源观察网简称能源网

数据来源：能源观察网数据来自 http：//www.chinaero.com.cn/zxdt/djxx/ycwz/2014/05/146440.shtml；

世界银行数据来自 World Bank，2010，Expenditure of Low-Income Households on Energy：Evidence from Africa and Asia

第六章

南北供暖之争

第一节 南北供暖争论的背景

我国在 20 世纪 50 年代受能源短缺影响，国家主导设定了以"秦岭、淮河为界"，划定了北方集中供暖区，即南北供暖线——累年日平均气温稳定低于或等于 5℃ 的日数大于或等于 90 天的地区被界定为集中供暖地，主要包括华北、东北、西北等地区。北方各省市冬季取暖的时间跨度大体一致：总体上华北地区的供暖时间是 11 月 15 日至次年的 3 月 15 日。东北三省、内蒙古等寒冷省份的供暖时间相对更长，10 月中下旬和次年 4 月上中旬都包括在内，如图 6-1 所示。

然而，近年来，随着家庭收入的不断提高和能源供给变得相对充裕，每年冬天，关于南方有些地区是否应该采用集中供暖的问题就会引起广泛争论。引起这一争论的根本原因，就是南方某些地区的寒冷程度并不亚于北方有集中供暖的一些地区。

从人体生理学的角度来考虑，16℃ 是人体对寒冷忍受程度的一个边界值。大部分南方省市冬季平均气温低于 16℃，只有广东、福建、海南的平均气温在 11 月至次年 3 月间出现过高于 16℃ 的数值。另外，南方冬季的相对湿度较高，这也会影响人们的体感温度。相对湿度与体感温度存在反比关系，相对湿度越高，体感温度越低。从人体感受的角度来看，相对湿度每上升十个百分点，人体的感受温度降低 1℃。

在图 6-2 中，以北京市从 2011 年 1 月、2 月、3 月和 12 月的平均

图 6-1　中国南北供暖线示意图

数据来源：南方周末，2012，南北供暖之争

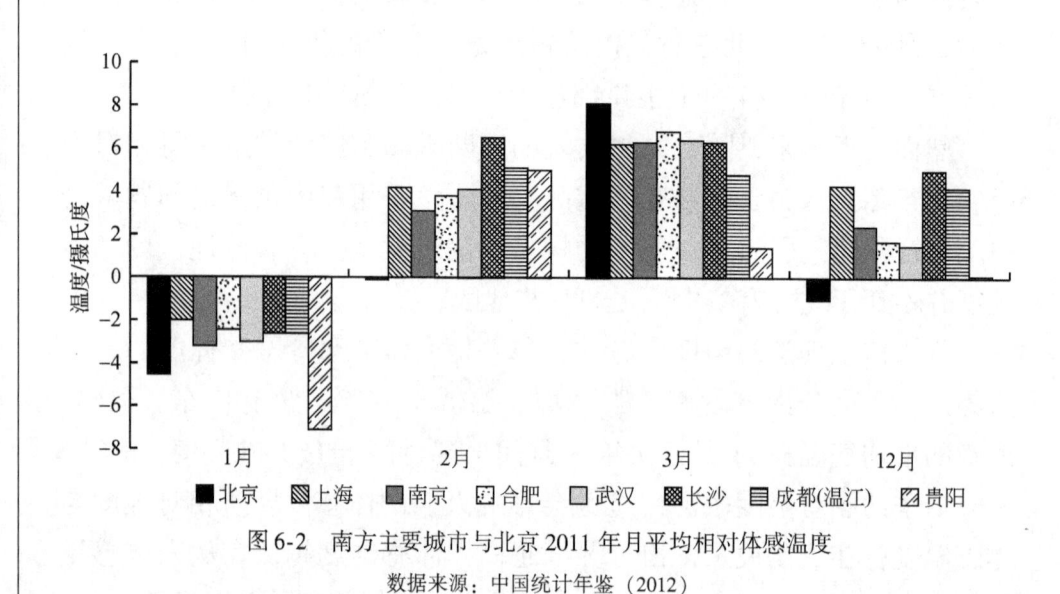

图 6-2　南方主要城市与北京 2011 年月平均相对体感温度

数据来源：中国统计年鉴（2012）

相对湿度为基准，将南方主要城市的月平均气温按照当地平均相对湿度进行调整，计算这些城市居民的月平均相对体感温度（相当于北京居民实际感觉的温度）。可以看出，这些城市的平均相对体感温度均低于10℃，在12月至次年3月中，多数城市已降到5℃以下，远低于16℃。在大多数月份，南方城市与北京市的体感温度差值不超过5℃，有的城市，如1月的贵阳和3月的大多数南方城市，其相对体感温度均比北京还要低。

事实上，关于南方是否需要集中供暖的话题一直争论不休。从2010年开始，从地方到全国的两会期间，诸多人大代表就提交过相关议案，建议南方地区冬季实施集中供暖，包括新华社、人民日报、人民网、凤凰网、中国网、网易、南方周末等多家媒体也对此进行了一系列的报道。梳理各种观点发现，反对南方集中供暖的主要观点有：

（1）认为在南方建立供暖系统需要大量基础设施投资，现有住宅保温水平较低，需要对存量住宅进行大规模改造，其成本较为高昂。

（2）认为南方采暖季较短，加上南方较高的湿度，使得供暖系统热能耗损较大，而且使用率低下，造成供暖效率低下和资源的浪费。

（3）从单位能耗角度比较，北方集中供暖的单位能耗是南方分户自供暖所需能耗水平的4倍左右，如果在南方采取集中供暖方式，势必会造成能源消耗总量的增加，并加剧我国能源和环境问题，对节能减排造成负面影响。

（4）从居民供暖成本角度比较，北方集中供暖的成本是南方分户自供暖的4~10倍，如果在南方采取集中供暖方式，会使得南方居民的供暖成本增加。

支持南方集中供暖的观点则认为：

（1）纵观世界各国的冬季取暖模式，几乎没有像中国一样以地理界限来划分供暖区域，我国划定的南北供暖线是特定历史时期的产物，其界限划分不科学，缺少对待气候变化或极端天气的灵活性。

（2）集中供暖并不等于政府供暖，并不意味着要求政府来提供公共产品，集中供暖可以交给市场来实现。

（3）享受更高质量的供暖是人们的正常需求和基本福利，任何人也不应该剥夺居住在南方的人们使用集中供暖的权利，以节约能源为理由叫停南方集中供暖是典型的计划经济的思维。

（4）集中供暖地区是连续全空间供暖，相比南方的分户、分连续性的局部空间自供暖，南北家庭在舒适度上存在巨大差异，加上北方还存在取暖补贴制度，而南方则需要完全承担供暖费用，在供暖福利和成本分担上也存在南北差异，这显然有悖于公平原则[①]。

尽管民间呼声很高，讨论也十分激烈，但政府层面却十分谨慎。2013年1月25日，住房和城乡建设部有关负责人通过《人民日报》予以回应，该负责人表示：大家关注的"要求集中供暖的南方地区"主要指夏热、冬冷地区，涉及14个省（直辖市）的部分地区，其气候特点是夏季酷热，冬季湿冷，空气湿度较大，当室外温度为5℃以下时，如没有供暖设施，室内温度低，人们的不舒适感要比同样室外温度的严寒、寒冷地区大。因此，夏热、冬冷地区有必要设置供暖设施进行冬季供暖。但是，夏热冬冷地区居住建筑面积约34亿平方米、人口约1亿人，如果采取北方传统的全空间连续集中供暖方式，能耗每年将会增加约2600万吨标准煤，约相当于目前北方采暖地区集中供暖总能耗的17%、"十二五"节能减排目标中年节能量的20%；同时，二氧化碳排放量将增加约7300万吨，二氧化硫排放量将增加约5.2万

---

① 另一个激化南方集中供暖争论的原因则是取暖成本的分担问题。北方居民一边享受着舒适的集中供暖，一边还享受着国家提供的取暖补贴。近几年来，北方地区在制定取暖补贴标准上开始向市场化转变，主要呈现以下几个特点。第一，补贴现在基本上是以货币形式直接发放到居民手中，而居民仍需要向供暖企业缴纳一定比例的取暖费。第二，针对不同的取暖方式采用不同的补贴标准。以北京市为例，因为治污压力较大，北京市区2013年基本实现了天然气取暖。因此，为了补贴非企事业单位居民的取暖费用，普通自采暖居民也能领取取暖补贴。第三，补贴的额度向低收入家庭倾斜。最近几年各省份纷纷调高了企业离退休人员的取暖补贴标准。例如，青岛市在2013年将企业退休人员取暖补贴标准将每人每年增加600元，提高到1700元。而南方居民的自行取暖则完全由居民自己负担成本。南方城市居民一般都以电进行取暖，不仅没有补贴，还要面临阶梯电价所导致的隐形取暖罚款。北方的经验表明，取暖补贴不仅是一种转移支付方式，也是一种鼓励居民节约能耗、多采用清洁能源的激励手段。基于公平原则，在论证南方是否应该集中供暖的时候，也应该考虑到不同的成本分担方式或者补助手段对居民取暖耗能行为的影响。

吨，烟尘排放量将增加约 1.2 万吨。这将会增加这一地区能耗总量，并且加剧环境污染。因此，夏热冬冷地区提倡因地制宜地采用分散、局部的供暖方式，不提倡建设大规模集中供暖热源和市政热力管网设施为建筑集中供暖。

可以看出，该负责人一方面承认了"南方地区的实际体感温度可能会低于北方地区，有必要进行供暖"，但另一方面以能源消耗和环境污染为由，否定了南方集中供暖。但是，这一回应忽略了一个基本问题，即北方的集中供暖往往是全空间连续供暖，即建筑内所有空间在采暖季内均获得了供暖服务，而南方的分户自供暖往往是局部空间的非连续性供暖，即建筑内的部分空间在部分时段进行供暖。显然，两者在供暖空间、供暖时长以及供暖舒适性上均存在很大差异，如果要对南北供暖所消耗的能源进行比较，必须将所有这些因素进行考虑和处理后才具有可比性。

本节基于中国人民大学课题组对我国家庭居民能源消费进行的调查问卷数据，对北方集中供暖的城市家庭与南方自供暖的城市家庭所消耗的能源数量和成本支出进行计算和对比，试图厘清并回答以下三个问题：首先，南方地区现有的分户取暖和北方地区集中供暖在能源使用效率上存在怎样的差异；其次，南方居民和北方居民在取暖成本支出上有多大的不同；最后，如果南方居民采用集中供暖，在能源消耗和成本支出上会发生什么变化。

基于家庭的微观调研数据，主要有以下发现：首先，南方城市家庭冬季自供暖更耗能，其单位面积单位时间的能源消耗是北方城市集中供暖家庭的 1.25 倍；其次，南方城市家庭冬季自供暖费用更高，其在单位面积单位时间的能源支出是北方城市集中供暖家庭的 2.8 倍；最后，如果在南方开展集中供暖试点，不仅可以提高居民的福利水平，还可以相对减少能源消费和降低成本。

第二节 数据描述与特征

1. 数据描述

2012年年底,中国人民大学能源经济系课题组(简称课题组)组织实施了第一次家庭能源消费调查预问卷,调研员主要是由人民大学返乡学生组成。主要调查以家庭为单位的生活能源消费,不包含生产用途的能源消费,不包括合租户等情况。问卷时间范围为2012年1月1日~2012年12月31日,问卷内容包括六个部分:家庭成员的基本信息、房屋的基本信息、厨房设备和家用电器信息、空间取暖和制冷信息、交通出行信息、能源使用与支出信息(表6-1)。

为了保证被访家庭具有较好的代表性,在被访家庭的选择上设定了以下条件:一是(通过网络或者电力公司查询)能够提供2012年全年家庭电力消费账单;二是需要被访家庭为独门独户的;三是排除在住家进行生产经营的家庭户;四是调查对象2012年必须在受访房屋居住超过6个月;五是尽量选择异质性比较大的样本,不允许同一小区的住户。为了避免入户问卷中普遍存在的高拒访率情况,被访家庭主要以调研员在当地社会关系网络中符合条件的独立家庭为主[①],每个调研员均经过了前期系统培训并配发了相应的GPS设备和辅助调研手册。问卷于2012年12月~2013年3月进行,最终回收获得了1542份问卷,经过电话回访等程序,最终核实有效问卷1450份。问卷涵盖了

[①] 此次问卷属于预调查,由于需要入户访谈并实地记录相应电器设备的信息,所以问卷时间较长,平均完成一份问卷需要45~60分钟,为了尽可能地降低拒访率并提高问卷数据质量,根据调研员的社会关系网络来选择问卷对象。更为系统的调查需要采集大样本并进行随机抽样。

26个省份，其中80%为城镇家庭，20%为农村家庭[①]。

表6-1 被访家庭空间供暖特征

项 目	集中供暖	分户自供暖
样本数量及比例	575户（39.7%）	560户（38.6%）
供热源/设备	63%来自于市政供热网络，21%来自于区域锅炉	35%为电暖器，28%为空调，28%为采暖火炉
燃料类别	—	67%为电力，29%为木材/煤炭
2012年供暖时长	3.9个月	2.1个月
每天使用时长	—	4.3小时
独立温度控制	—	36%设定为19.8~23.5℃
独立计量	6%	—
收费方式	92%根据面积收费	—
有多少家庭完全自己承担供暖费用	60%	—
是否有单位或个人代为支付供暖费用	82%为家庭成员所在单位	—

在住户空间取暖部分，主要按照集中式供暖和分户自供暖两类来进行问卷，样本中共有1428个家庭回答了冬季取暖部分的问卷，其中采取集中供暖和分户自供暖的家庭占比各为39.7%和38.6%，而没有供暖的家庭占比为20%。采用集中供暖的其纬度往往较高，而纬度较低的家庭往往采取分户自供暖，对于没有供暖的家庭，其纬度在所有分组中处于最低水平。相关的描述性统计对比如表6-1所示。

2. 集中供暖的主要特征

本次问卷共有575户家庭对集中供暖进行了较为详细的反馈。从热力来源来看，有63%是通过市政热力管道供暖，剩下的三个主要来

---

① 问卷中对住户的居住地划分为三类：城市（县级市及以上）、乡镇、农村。在分析过程中，将前两者界定为城镇，第三类为农村。

源都是区域供暖方式，分别为区域锅炉供暖（21.4%）、区域热电站供暖（12.7%）和区域工业余热供暖（3%），还有极少家庭是通过小区中央空调方式获得热力供应。从热力传导媒介来看，大多是采用热水来供热，占比93%，还有少部分是蒸汽或者热风。

在供暖时段上，有93%的集中供暖家庭是固定的，只有7%的家庭可以调节其供暖时间。从供暖时长来看，大多数供暖期为3~4个月，而且其分布右偏，所有集中供暖家庭的平均供暖期为3.91个月。

集中供暖往往无法进行分区温度控制，有96%的被访家庭不能独立控制供暖温度，即如果出现室内温度过高，往往只能通过开窗等方式来降低热量；有94%的被访家庭没有独立的热量计量表；在计费方式上，有92%是按照房屋建筑面积来计费，仅有7%的集中供暖家庭是按照实际供热量或者供热时长来计费。

建设部早在2003年就指出，要"停止福利供热，实行用热商品化"。但问卷结果表明，在被访家庭中，完全承担供暖费的家庭占比为60%，其余40%的被访家庭或多或少由他人承担了部分供暖费，其中，有14%的家庭完全"免费"使用了集中供暖服务，有25%的家庭承担供暖费比重低于1/3。

进一步考察，在40%不需要完全自行承担供暖费的家庭中，有82%是获得了单位的福利和供暖补贴，有14%获得了社区（3%）或者政府（11%）的减免、补贴，其他则包括房东减免或者亲戚朋友帮助。在获得供暖费分担的家庭中，大多是户主在国有企业或者国有机关或事业单位工作的，而其他工作性质的户主所在家庭获得供暖费分担比重则较低。

3. 分户自供暖的主要特征

在560户使用分户自供暖的家庭中，共使用了776件自供暖设备，其最常见设备包括：电热辐射取暖器/电暖器（35%）、家用空调制热

（28%）和采暖火炉（28%），其他供暖方式包括家用锅炉、电油热汀等。其中，城镇居民更多的是使用空调和电暖器来取暖，而农村居民主要自供暖设备是采暖火炉和电暖器。

由于使用的自供暖设备各异，因此在燃料上其分布也差异很大。有67%自供暖的家庭采用电力，其次为薪柴（29%），其他燃料的使用比例则相对较小。其中，城镇居民对于商业能源的使用比重更高，主要为电力，而农村居民则更多使用薪柴来取暖。

采暖时长与频率：分户自供暖家庭的采暖时长为2.13个月，明显低于集中供暖家庭的采暖时长（3.91个月）。有68%的家庭每天使用时间不超过6小时，有22%的家庭每天使用时间超过8小时，平均而言其使用时长为4.3小时/天。

分户自供暖家庭大多没有获得过供暖补贴，在仅有的24户获得补贴的家庭中，有12户通过政府和社区获得补贴，有5户通过单位得到补贴。

第三节 研究对象界定与研究方法

1. 对象界定

上述描述的是所有样本中采用集中供暖和分户自供暖家庭的基本特征，为了进一步对南北不同供暖系统的能源消费和成本支出进行比较，需要清晰界定研究对象。由于农村地区人口密度较低，因此主要考察城市居民。根据南北供暖线，可以按照地理纬度（北纬33度）将不同家庭划分为"北方"和"南方"地区。但即便在北方城市，也有家庭没有获得集中供暖而采用自供暖方式，在南方，也有部分试点先行的城市采用了集中供暖，因此需要比较的是：在北方城市采用集中供暖的家庭和在南方城市采用分户自供暖的家庭。表 6-2 中区分了在所有样本中待研究的两类对象，其中左上角为采用集中供暖的北方城市家庭，共有 541 个有效样本；右下角为自供暖的南方城市家庭，有 283 个样本。共计 824 个城市居民家庭。

表 6-2 比较对象界定

集中供暖的北方城市家庭	集中供暖的南方城市家庭
（样本=541）	（样本=17）
分户自供暖的北方城市家庭	分户自供暖的南方城市家庭
（样本=62）	（样本=283）

由于不同城市供暖时段和面积有差异，因此需要进行调整。本报告要比较的主要包括两个指标：一是根据供暖时间长度和供暖面积调整后的能源效率，即在采暖季中，每小时每平方米的热量消费；二是为了获得供暖所需热量，家庭所支付的单位能源成本。以下将对两种供暖系统的能源消费量、供暖时长和供暖面积、供暖支出等指标的计算进行讨论。

2. 集中供暖家庭的能源消耗、能源效率与单位能源支出

1）能源消耗

对于集中供暖家庭的能源消耗，本报告第三章第四节指出了具体计算方法，此处略去。

2）能源效率

为了同南方城市分户自供暖进行统一口径比较，需要根据供暖时长和供暖面积进行调整，并计算出集中供暖的能源效率，如式（6.1）

所示。

$$EneEff_{集中供暖}(千克标准煤／小时·平方米) = \frac{单位面积供热基准能耗(千克标准煤／平方米) \times 建筑调整系数}{采暖时长(月) \times 30(天／月) \times 24(小时／天)}$$

(6.1)

其中，分母中的采暖时间长度依据调查数据中的"采暖时长（月）"来进行计算，全部转换为以小时为单位的数值，如果该变量缺失，使用样本均值3.91个月进行替代。

3) 能源成本

每个被访家庭都报告了2012年度家庭用于集中供暖的消费支出，该信息可直接作为供暖成本。如果该数据缺失，则采用集中式供暖家庭的平均消费支出2082元。为了便于比较和统一口径，计算单位面积每小时的取暖成本，其计算见式（6.2）。

$$EneCost_{集中供暖}(元／小时·平方米) = \frac{集中供暖支出(元)}{房屋面积(平方米) \times 供暖时长(小时)}$$

(6.2)

3. 分户自供暖家庭的能源消耗、能源效率与单位能源支出

1) 能源消耗

分户自供暖的能源消耗计算方法详见本报告第三章第四节。

2) 能源效率

南方分户自供暖与北方集中供暖的一个显著差异是，前者仅在局部空间内进行供暖，而后者则是全空间内供暖，因此需要计算南方分

户自供暖的有效供暖面积。在所调查的家庭样本中，为客厅、卧室、书房（会客室）、所有房间进行供暖的比例分别为32.17%、60.18%、4.53%和3.12%。因此，在计算家庭的有效供暖面积时，以客厅、卧室、书房（会客室）和所有房间的面积乘以各自的供暖权重，加总即可得到供暖面积；若房屋面积存在缺失，则分别用各类房间的均值来替代。若家庭使用锅炉进行供暖，则有效供暖面积为全部住房实际使用面积。

另一个差异则体现在南方和北方的供暖时长上，在整个采暖季中，前者是分时供暖，后者则是全时段供暖，因此需要将两者换算成统一口径进行比较。将分户自供暖家庭的"每天采暖时长（小时）"和"全年采暖天数（天）"相乘即可得到该家庭某种供暖设备在2012年度的采暖小时数。如果信息缺失，那么分别采用样本均值替代。

基于南方自供暖的能源总消费量、有效供热面积和供暖时长，可以计算出南方家庭每小时在每平方米的能源效率。

$$\text{EneEff}_{分户自供暖}(千克标准煤/小时\cdot 平方米) = \frac{\text{Energy}_{分户自供暖}(千克标准煤/采暖季)}{有效供暖面积(平方米)\times 采暖时长(小时)} \quad (6.3)$$

3）能源成本

由于分户自供暖家庭使用了多种供暖设备和能源，因此需要根据不同能源品的实物消耗量和不同能源品的成本信息进行加总计算。各类能源的单位成本主要基于样本家庭报告的均值：电力为0.53元/（千瓦·时），天然气为2.1元/立方米，薪柴为0.31元/千克。

$$\text{EneCost}_{分户自供暖}(元/小时\cdot 平方米) = \frac{\sum 能源消耗实物量 \times 成本}{有效供热面积(平方米)\times 供暖时长(小时)} \quad (6.4)$$

第四节 南北城市家庭比较

1. 南北家庭供暖能源消费总量对比

根据上述公式可以分别计算出北方城市集中供暖家庭和南方城市分户自供暖家庭在2012年采暖季中用于供暖的能源总消耗量（千克标准煤），其描述性统计如表6-3所示。

表6-3 南北城市家庭供暖能源消费量比较

（单位：千克标准煤）

变量	观察值	平均值	中位数	标准差	最小值	最大值
北方城市集中供暖家庭	541户	1 646.72	1 423.53	1 106.13	316.11	1 1380.05
南方城市分户自供暖家庭	270户	64.80	30.49	142.90	1.02	1 456.27

可以看出，南北城市家庭在供暖能源消费上存在巨大差异，从均值来看，北方家庭在2012年供暖季中消耗的热能为1646.72千克标准煤，而南方家庭用于自供暖的热量仅为64.8千克标准煤，南北家庭在供暖能源消费量上相差25倍。

从南北家庭在供暖能源消费总量上的巨大差异可以看出，此前反对南方集中供暖者的逻辑依据：他们认为如果南方照搬北方集中供暖系统，将使得南方家庭现有的较低供暖能源消费迅速增加，进而增加全国的能源消费总量。但这些推论忽略了一些重要因素：一方面，现有的南北家庭供暖能源消费总量的差异是建立在南北居民享受供暖服务不平等的基础上的；另一方面，南北家庭供暖能源总量的差异有一部分是由于北方家庭有更大的采暖面积和更长的采暖时段所致，需要对这些因素进行考虑并统一比较口径。

2. 南北家庭供暖能源效率对比

根据能源效率公式，计算出统一口径后单位采暖时间内单位面积的能源效率指标（千克标准煤/小时·平方米），其描述性统计如表6-4所示。

表6-4　南北城市家庭供暖能源效率比较

（单位：千克标准煤/小时·平方米）

变量	观察值	平均值	中位数	标准差	最小值	最大值
北方城市集中供暖家庭	541 户	0.007 56	0.006 64	0.004 53	0.002 66	0.060 24
南方城市分户自供暖家庭	270 户	0.009 87	0.006 56	0.013 27	0.000 40	0.082 81

可以看出，一旦考虑南北城市家庭在供暖面积和供暖时长的差异后，其差异大大降低了，但是从均值仍可以发现，在采用集中供暖系统的北方城市家庭，其单位建筑面积每小时耗费的能源为0.007 56千克标准煤，而在采用分户自供暖的南方城市家庭，其单位面积每小时供暖消耗的能源为0.009 87千克标准煤，即根据现有的两种供暖系统比较来看，南方采用自供暖的单位能源消耗要高于北方采用集中供暖的能源消耗，南北差异为1.31倍。如果考虑到南方在实际分户自供暖中所产生的舒适度远远不如北方的集中供暖系统，那么南方家庭需要消耗更多的能源才可以实现同北方家庭同等的供暖效用和舒适度，也就是说，南北家庭在供暖效率上的1.31倍差异，可能仅仅是其真实供暖效率的一个下限，如果基于公平和等效用原则，那么南北供暖效率差异会更高①。

---

① 一个简单的例子：南方家庭在每平方米面积上每小时平均投入了0.009 87千克标准煤，获得了供暖效用 U_1，北方家庭在每平方米面积上每小时投入了0.007 56千克标准煤，获得了供暖效用 U_2，根据现实观察和体验，南方分户自供暖的效用 U_1<北方集中供暖效用 U_2，因此如果要让南方家庭获得与北方家庭相同的供暖效用 U_2，那么需要在单位时间内单位面积投入和消费更多的能源。

观察到的另一个现象是：南方城市家庭的供暖能源效率标准差远大于北方城市家庭，这表明，在实行集中供暖的北方城市家庭中，单位时间内单位面积获得的热量差异比较小，而在南方城市家庭中，由于取暖设备和燃料差异，导致单位时间内单位面积的能源效率差异很大。

此前相关报道广为引用的一个数据和结论是：北方集中供暖能耗（15~20千克标准煤/平方米·年）高于南方的自供暖（2~3千克标准煤/平方米·年），因此在南方进行集中供暖会更耗能，而本报告的结论表明：北方现有的集中供暖能耗（0.007 56千克标准煤/小时·平方米）要低于南方现有的分户自供暖能耗（0.009 42千克标准煤/小时·平方米），导致这一结论相左的可能原因包括：前者对于南方的自供暖没有考虑到实际供暖面积，且南方自供暖的时间远低于北方集中供暖时间[①]，一旦对这些因素进行调整，并进一步考虑到南北供暖系统所产生的舒适度差异后，可以发现北方集中供暖系统相对于现有的南方分户自供暖会更高效、更节能。

3. 南北家庭供暖能源支出对比

上述论证表明，同北方集中供暖家庭相比，南方分户自供暖家庭在单位面积和单位时间上消费了更多的能源且仅获得了较低的供暖效用，接下来根据式（6.3）和式（6.4）将进一步比较，南北城市家庭在取暖季节每小时单位供热面积的支出（元/小时·平方米）。其结果描述性统计如表6-5所示。

可以看出，北方集中供暖家庭每小时单位供热面积平均支出为0.009 88元，而南方自供暖家庭每小时单位供热面积支出的平均值为

---

① 样本统计显示，北方城市采用集中供暖的家庭，其采暖季内的供暖能耗均值为19.8千克标准煤/平方米·年，中位数为18.6千克标准煤/平方米·年，同该报道的结论（15~20千克标准煤/平方米·年）较为一致，因此主要是对南方能耗计算差异所致。

所获得的能源节约量及成本节约。同样的，在情景1~情景3中，逐渐增加南方居民的供暖面积、每天供暖时间和供暖季长短，并分别计算不同情境下的能源与成本变动。情景3即为现有的北方城市家庭集中供暖的基本特征，用于刻画南方城市家庭与北方城市家庭一样，享受除了能源补贴以外完全相同的供暖服务，此时在情景3中，可以认为南北家庭的供暖效用无差异。

表6-6 情景设定

情景设定	供暖区域	每天供暖时间	供暖季
基准情景	局部空间供暖	分时供暖（4.3小时）	2.13个月
情景1	所有房间供暖	分时供暖（4.3小时）	2.13个月
情景2	所有房间供暖	全天供暖（24小时）	2.13个月
情景3	所有房间供暖	全天供暖（24小时）	3.91个月

图6-3描述了不同情景下的能源与成本变动情况，可以看出，由于现有的北方集中供暖相比南方分户自供暖更高效、成本更低，因此如果南方采用集中供暖，居民的供暖能源节约和成本节约均为正值。在基础情景下，保持现有的南方城市家庭供暖面积、时长不变，采用集中供暖可以使得每一个南方城市家庭减少15.5千克标准煤消费和125元能源支出；在保持供暖时长不变，但对所有房屋进行供暖条件下，采用集中供暖相比分户自供暖能够降低68.5千克标准煤消耗，并减少554元能源支出。进一步分析，如果保持采暖季月份不变，但对所有房屋进行24小时全天供暖，采用集中供暖会减少382.3千克标准煤消耗，居民能源支出也会下降3089元；如果南方城市家庭与北方城市家庭完全一样，每年有更长的采暖季并进行所有空间的连续供暖，相比较采用分户自供暖方式，集中供暖系统将为每个家庭节约701.8千克标准煤，实现的成本节约高达5671元。

可以看出，当南方城市居民获得更高效用水平的供暖服务时，集中供暖系统相较于分户自供暖方式，其在能源节约和成本减少上的优势更为明显。当然，在南方进行供暖系统变动也会产生其他效应，一

图 6-3　情景模拟结果

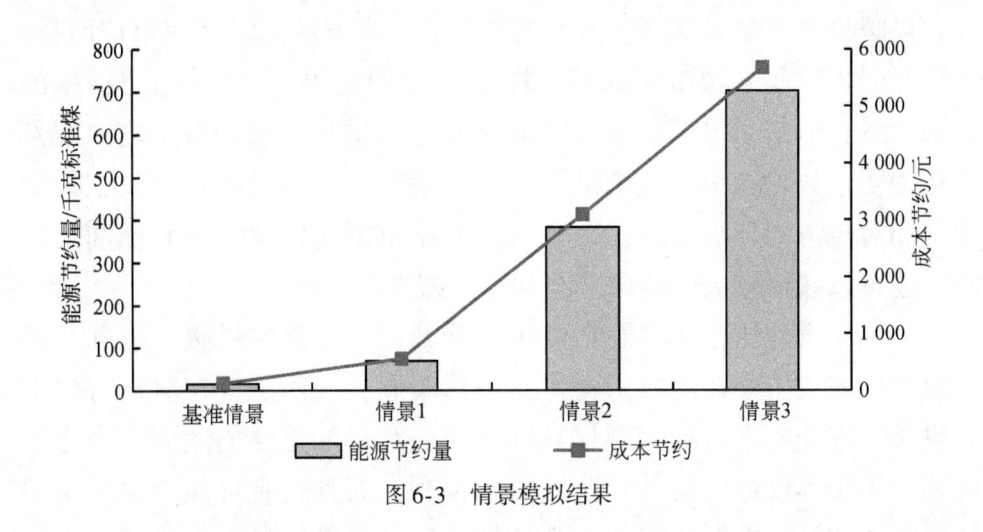

方面，包括前期供暖基础设施的投资、住宅建筑节能改造投资、集中供暖管道与终端设备投资等，都将或多或少将其成本转移到终端用户；另一方面，供暖系统变动也会对经济和相关产业有拉动作用，相关的设备生产制作、安装维护、服务提供等都将获得相应发展，而基础设施的发展和完善也能进一步带动投资环境的优化。此外，对于居民效用的提升和福利的改进也是决策者需要考虑的。但是囿于数据所限和研究关注的焦点，本章对这些环节没有作出进一步考察和分析。

第六节　政策建议

基于中国人民大学课题组"家庭能源消费问卷调查"数据，选择了 541 户北方城市集中供暖家庭和 283 户南方城市分户自供暖家庭为研究样本，对 2012 年采暖季中的家庭能源总消费、单位面积和单位时间内的能源消耗强度及能源支出进行了计算和对比分析。结果表明：平均而言，北方城市家庭在一个采暖季中消耗的能源是南方城市家庭的 25 倍，但如果考虑到南北城市居民供暖在供暖有效面积、供暖时段、供暖设备及燃料等诸多方面的差异后，南方城市家庭在单位面积、单位时间内比北方城市家庭多消耗了31%的能源、多支付了189%的能源成本，但却获得了低于北方城市家庭的供暖效果和舒适度。情景分析表明：如果在南方城市采用集中供暖系统，不考虑基础设施投资成本和对经济的外溢效应，在提高南方城市家庭供暖效用和福利的同时，还可以获得较大的能源节约和成本减少。

当然本章的结论并非鼓吹要在南方城市进行集中供暖，也并非建议由政府充当主角在南方来提供集中供暖服务，而是旨在对现有的南北供暖效率和成本进行客观比较和评价，其目的是希望阐明：南方实施集中供暖不仅可以提高和改善百姓福利，而且还有可能产生一定的环境收益和经济效益。正如本章的结果所显示的，集中供暖所产生的成本减少实际上可以视为南方城市居民在满足一定供暖效用条件下对集中供暖的潜在支付意愿。在市场经济较为发达、公众市场意识普遍较强的南方地区，这一强烈的支付意愿和改善福利的愿望完全可以由市场机制来加以引导，在条件合适的地区完全可以尝试由企业和市场来进行供暖，只要供暖公司所收取的价格低于他们现在的实际自取暖支出，那么即使是在没有取暖补助的情况下，这些家庭也愿意为集中供暖付费。在这种情况下，政府完全可以不用充当供暖服务供给者，而是作为行业监管者，对不同的服务提供商进行行业准入、安全生产等规则的制定和监督。另外从社会福利最大化角度而言，政府也可以对供暖公司提供一定的补助，鼓励他们采用更高效、更环保的供暖设备和设施。或者，政府补贴住户安装控温装置和独立的供暖计量表，推行按供热量收费，这些措施都将有助于节约供暖能耗。

本报告建议，可以考虑在部分热源条件允许、地理条件合适、群众支付意愿较高的南方城市/社区开展局部试点。对于居民集中供暖的需求，政府可以不参与公共品供给，但也不要一刀切式地禁止探索性、自发式的城市供暖市场发展。

主要参考文献

陈迅, 袁海蔚. 2008. 中国生活能源消费行为影响因素的实证研究. 消费经济, 24: 47-50.
樊静丽, 廖华, 梁巧梅, 等. 2010. 我国居民生活用能特征研究. 中国能源, 32: 33-36.
范玲, 汪东. 2014. 我国居民间接能源消费碳排放的测算及分解分析. 生态经济, 30: 28-32.
傅崇辉, 王文军, 曾序春, 等. 2013. 生活能源消费的人口敏感性分析——以中国城镇家庭户为例. 资源科学, 35.
傅定法, 徐燕椿, 孙可达, 等. 1993. 二十一世纪浙江省城镇居民生活能源消费模式的预测与探讨. 能源工程, 4: 20-23.
耿海清, 2004. 能源基础与城市化发展的相互作用机理分析. 北京: 中国科学院地理科学与资源研究所.
郭保雷, 王彦佳. 2002. 中国居民生活用能现状及展望. 可再生能源, 5: 4-7.
韩智勇, 魏一鸣, 焦建玲, 等. 2004. 中国能源消费与经济增长的协整性与因果关系分析. 系统工程, 12: 17-21.
黄飞雪, 靳玲. 2011. 城市化对中国能源消费的影响机制研究. 产业经济评论, 10: 104-121.
李光全, 聂华林, 杨艳丽. 2010. 中国农村生活能源消费的区域差异及影响因素. 山西财经大学学报, 32: 68-73.
李艳梅, 张雷. 2008. 中国居民间接生活能源消费的结构分解分析. 资源科学, 30: 890-895.
林伯强. 2003. 电力消费与中国经济增长: 基于生产函数的研究. 管理世界, 11: 18-27.
刘静. 2014. 我国农户生活能源消费升级研究. 甘肃农业, 3: 14-16.
牛叔文, 王志锋, 李国柱, 等. 2007. 陇中黄土丘陵地区农村生活能源资源潜力的估算和利用结构分析——以通渭县李店乡祁咀村为例. 资源科学, 29: 105-110.
秦翊, 侯莉. 2013a. 我国城镇居民收入对间接能源消费的影响实证分析. 生态经济, 1: 64-66.
秦翊, 侯莉. 2013b. 我国居民家庭能源消费的人口因素影响分析. 统计与决策, 19: 98-101.
孙涵, 周丽娜, 郭海湘. 2014. 中国城镇居民生活完全能源消费的测算及趋势分析. 中国能源: 40-44.
孙锌, 刘晶茹. 2013. 家庭消费的反弹效应研究进展. 中国人口·资源与环境, 23: 6-10.
孙岩, 江凌. 2013. 居民能源消费行为研究评述. 资源科学, 35: 697-703.
王效华, 冯祯民. 2001. 运用聚类分析法进行中国农村家庭能源消费的区域划分. 南京农业大学学报, 4: 103-106.
王效华, 冯祯民. 2002. 中国农村家庭能源消费的回顾与展望. 农业机械学报, 3: 125-128.
吴燕红, 曹斌, 高芳, 等. 2008. 滇西北农村生活能源使用现状及生物质能源开发利用研究——以兰坪县和香格里拉县为例. 自然资源学报, 5: 781-789.

徐瑶. 2014. 低碳背景下农村居民生活能源消费实证分析——基于7省的微观数据. 安徽农业科学, 42: 5171-5174.

薛丹. 2014. 我国居民生活用能能源效率回弹效应研究. 北京大学学报, 自然科学版, 50: 348-354.

杨朝峰, 陈伟忠. 2005. 能源消费和经济增长：基于中国的实证研究. 石油大学学报（社会科学版）.

杨继涛, 杨世关, 木劲华. 2008. 滇西北老君山地区农村生活能源消费研究. 太阳能学报, 29: 624-629.

杨亮, 丁金宏. 2014. 上海市城镇居民直接生活能源消费结构的演变分析. 上海环境科学集.

杨玉含, 刘峰贵, 陈琼, 等. 2011. 2000~2008年青海省居民生活能源消费与碳排放分析. 中国人口·资源与环境, 21: 307-310.

尹建华, 王兆华. 2011. 中国能源消费与经济增长间关系的实证研究——基于1953~2008年数据的分析. 科研管理, 32: 122-129.

岳婷, 龙如银. 2013. 我国居民生活能源消费量的影响因素分析. 华东经济管理, 27: 57-61.

张咪咪. 2010. 中国农村居民生活间接能源消耗与碳排放分析. 统计教育, 7: 35-40.

张馨, 牛叔文, 赵春升, 等. 2011. 中国城市化进程中的居民家庭能源消费及碳排放研究. 第八届博士生学术年会论文摘要集.

章永洁, 蒋建云, 叶建东, 等. 2014. 京津冀农村生活能源消费分析及燃煤减量与替代对策建议. 中国能源, 36: 39-43.

赵晓丽, 李娜. 2011. 中国居民能源消费结构变化分析. 中国软科学, 11: 40-51.

朱四海. 2007. 农村能源软化国家能源约束途径分析. 中国农村经济, 11: 52-59.

Abakah E M. 1990. Real incomes and the consumption of woodfuels in Ghana: An analysis of recent trends. Energy Economics, 12: 227-231.

Bin S, Dowlatabadi H. 2005. Consumer lifestyle approach to US energy use and the related CO_2 emissions. Energy Policy, 33: 197-208.

Brockett D, Fridley D, Lin J, et al. 2002. J. A tale of five cities: the China residential energy consumption survey. ACEEE Summer Study on Building Energy Efficiency.

Brännlund R, Ghalwash T, Nordström J. 2007. Increased energy efficiency and the rebound effect: effects on consumption and emissions. Energy Economics, 29: 1-17.

Byrne J, Shen B, Wallace W. 1998. The economics of sustainable energy for rural development: A study of renewable energy in rural China. Energy Policy, 26: 45-54.

Chang Y, Ries R J, Wang Y. 2013. Life-cycle energy of residential buildings in China. Energy Policy, 62: 656-664.

Chen L, Heerink N, van den Berg M. 2006. Energy consumption in rural China: a household model for three villages in Jiangxi Province. Ecological Economics, 58: 407-420.

Chen S, Li N, Yoshino H, et al. 2011. Statistical analyses on winter energy consumption characteristics of residential buildings in some cities of China. Energy and Buildings, 43: 1063-1070.

Chen S, Yoshino H, Li N. 2010. Statistical analyses on summer energy consumption characteristics of residential buildings in some cities of China. Energy and Buildings, 42: 136-146.

Cohen C, Lenzen M, Schaeffer R. 2005. Energy requirements of households in Brazil. Energy Policy, 33: 555-562.

Dai H, Masui T, Matsuoka Y, et al. 2012. The impacts of China's household consumption expenditure patterns on energy demand and carbon emissions towards 2050. Energy Policy, 50: 736-750.

Feng D, Sovacool B K, Khuong M V. 2010. The barriers to energy efficiency in China: Assessing household electricity savings and consumer behavior in Liaoning Province. Energy Policy, 38: 1202-1209.

Feng Z-H, Zou L-L, Wei Y-M. 2011. The impact of household consumption on energy use and CO_2 emissions in China. Energy, 36: 656-670.

Gates D F, Yin J Z. 2004. Urbanization and Energy in China: Issues and Implications. Burlington: Ashgate Publishing Limited.

Golley J, Meng X. 2012. Income inequality and carbon dioxide emissions: The case of Chinese urban households. Energy Economics, 34: 1864-1872.

Greene D L, Kahn J R, Gibson R C. 1999. Fuel Economy Rebound Effect for U. S. Household Vehicles. The Energy Journal, 20: 1-31.

Hamamoto M. 2013. Energy-saving behavior and marginal abatement cost for household CO_2 emissions. Energy Policy.

Hori S, Kondo K, Nogata D, et al. 2013. The determinants of household energy-saving behavior: Survey and comparison in five major Asian cities. Energy Policy, 52: 354-362.

Jalas M. 2005. the everyday life context of increasing energy demands: time use survey data in a decomposition analysis. journal of industrial ecology, 9: 129-145.

Jin S-H. 2007. The effectiveness of energy efficiency improvement in a developing country: Rebound effect of residential electricity use in South Korea. Energy Policy, 35: 5622-5629.

Khazzoom J D. 1980. Economic implications of mandated efficiency in standards for household appliances. The Energy Journal, 1: 21-40.

Kraft J, Kraft A. 1978. On the Relationship between Energy and GNP. Energy Development. 3: 401-403.

Krey V, O, Neill B C, van Ruijven B, et al. 2012. Urban and rural energy use and carbon dioxide emissions in Asia. Energy Economics, 34 (Supplement 3): S272-S283.

Lee C-C, Chang C-P. 2008. Energy consumption and economic growth in Asian economies: A more comprehensive analysis using panel data. Resource and Energy Economics, 30: 50-65.

Lenzen M, Dey C, Foran B. 2004. Energy requirements of Sydney households. Ecological Economics, 49: 375-399.

Lenzen M, Wier M, Cohen C, et al. 2006. A comparative multivariate analysis of household energy requirements in Australia, Brazil, Denmark, India and Japan. Energy, 31: 181-207.

Lenzen M. 1998. Primary energy and greenhouse gases embodied in Australian final consumption: an input-output analysis. Energy Policy, 26: 495-506.

Liu H-T, Guo J-E, Qian D, et al. 2009. Comprehensive evaluation of household indirect energy consumption and impacts of alternative energy policies in China by input-output analysis. Energy Policy, 37: 3194-3204.

Liu W, Spaargaren G, Heerink N, et al. 2013. Energy consumption practices of rural households in north China: Basic characteristics and potential for low carbon development. Energy Policy, 55: 128-138.

Lu W. 2006. Potential energy savings and environmental impact by implementing energy efficiency standard for household refrigerators in China. Energy Policy, 34: 1583-1589.

Ma G, Andrews-Speed P, Zhang J. 2013. Chinese consumer attitudes towards energy saving: The case of household electrical appliances in Chongqing. Energy Policy, 56: 591-602.

Michieka N M, Fletcher J J. 2012. An investigation of the role of China's urban population on coal consumption. Energy Policy, 48: 668-676.

Nakagami H, Murakoshi C, Iwafune Y. 2008. International Comparison of Household Energy Consumption and Its Indicator. Proceedings of the 2008 ACEEE Summer Study on Energy Efficiency in Buildings: 214-224.

Niu S, Zhang X, Zhao C, et al. 2012. Variations in energy consumption and survival status between rural and urban households: A case study of the Western LoessPlateau, China. Energy Policy, 49: 515-527.

Ouyang J, Long E, Hokao K. 2010. Rebound effect in Chinese household energy efficiency and solution for mitigating it. Energy, 35: 5269-5276.

O'Neill B C, Ren X, Jiang L, et al. 2012. The effect of urbanization on energy use in India and China in the iPETS model. Energy Economics, 34 (Supplement 3). S339-S345.

Pachauri S, Jiang L. 2008. The household energy transition in India and China. Energy Policy, 36: 4022-4035.

Pachauri S, Spreng D. 2002. Direct and indirect energy requirements of households in India. Energy

Policy, 30: 511-523.

Park H-C, Heo E. 2007. The direct and indirect household energy requirements in the Republic of Korea from 1980 to 2000—An input-output analysis. Energy Policy, 35: 2839-2851.

Reinders A H M E, Vringer K, Blok K. 2003. The direct and indirect energy requirement of households in the European Union. Energy Policy, 31: 139-153.

Sahakian M D. 2011. Understanding household energy consumption patterns: When "West Is Best" in Metro Manila. Energy Policy, 39: 596-602.

Saidur R, Masjuki H H, Jamaluddin M Y, et al. 2007. Energy and associated greenhouse gas emissions from household appliances in Malaysia. Energy Policy, 35: 1648-1657.

Sathaye J, Tyler S. 1991. Transitions in Household Energy Use in Urban China, India, the Philippines, Thailand, and Hong Kong. Annual Review of Energy and the Environment, 16: 295-335.

Schipper L, DesRosiers J P, Justus D. 1997. Indicators of Energy Use and Efficiency. OECD/IEA.

Stern D I. 2000. A multivariate cointegration analysis of the role of energy in the US macroeconomy. Energy Economics, 22: 267-283.

Tonooka Y, Liu J, Kondou Y, et al. 2006. A survey on energy consumption in rural households in the fringes of Xian city. Energy and Buildings, 38: 1335-1342.

Tsani S Z. 2000. Energy consumption and economic growth: A causality analysis for Greece. Energy Economics, 32: 582-590.

Wang X, Feng Z. 2001. Rural household energy consumption with the economic development in China: stages and characteristic indices. Energy Policy, 29: 1391-1397.

Weber C, Perrels A. 2000. Modelling lifestyle effects on energy demand and related emissions. Energy Policy, 28: 549-566.

Yang Y, Li B, Yao R. 2010. A method of identifying and weighting indicators of energy efficiency assessment in Chinese residential buildings. Energy Policy, 38: 7687-7697.

Yao C, Chen C, Li M. 2012. Analysis of rural residential energy consumption and corresponding carbon emissions in China. Energy Policy, 41: 445-450.

Yu B, Zhang J, Fujiwara A. 2011. Representing in-home and out-of-home energy consumption behavior in Beijing. Energy Policy, 39: 4168-4177.

Yu B, Zhang J, Fujiwara A. 2013. Evaluating the direct and indirect rebound effects in household energy consumption behavior: a case study of Beijing. Energy Policy, 57: 441-453.

Yue T, Long R, Chen H. 2013. Factors influencing energy-saving behavior of urban households in Jiangsu Province. Energy Policy, 62: 665-675.

Zha D, Zhou D, Zhou P. 2010. Driving forces of residential CO_2 emissions in urban and rural China: An index decomposition analysis. Energy Policy, 38: 3377-3383.

Zhang D, Rausch S, Karplus V J, et al. 2013. Quantifying regional economic impacts of CO_2 intensity targets in China. Energy Economics, 40: 687-701.

Zhang J, Koji K. 2012. The determinants of household energy demand in rural Beijing: Can environmentally friendly technologies be effective? Energy Economics, 34: 381-388.

Zhang Q. 2004. Residential energy consumption in China and its comparison with Japan, Canada, and USA. Energy and Buildings, 36: 1217-1225.

Zhao X, Li N, Ma C. 2012. Residential energy consumption in urban China: A decomposition analysis. Energy Policy, 41: 644-653.

Zhou S, Teng F. 2013. Estimation of urban residential electricity demand in China using household survey data. Energy Policy, 61: 394-402.

Zhu Q, Peng X, Wu K. 2012. Calculation and decomposition of indirect carbon emissions from residential consumption in China based on the input-output model. Energy Policy, 48: 618-626.

附 录

家庭代码：_____

第一次全国居民能源消费调查问卷表
2013.1.20

中国人民大学能源经济中心正在进行第一次全国居民能源消费调查研究，我们将向您询问一些问题，需要占用您45~60分钟时间，感谢您接受我们的调查。您所有的回答均用于学术研究，家庭信息会得到保密！另外，我们为您准备了一份面值50元的中国移动（或联通）手机充值卡，以感谢您配合和支持我们的调查问卷工作，祝您新春愉快！

省：_____
市/地区：_____
县：_____
乡/镇（街道）：_____
村（小区）：_____
邮政编码：_____
受访者联系电话：_____
受访者个人编码［参照表A2，壹至捌］：_____
调查员姓名：_____
调查日期［年/月/日］：_____
该问卷是调查员的第几份问卷：_____
经度［度/分/秒格式，73°40′~135°2′30″E］：_____
纬度［度/分/秒格式，3°52′~53°33″N］：_____

【调研员工具：自备带GPS定位手机或配发的GPS一部】

A. 家庭基本信息

A.1 您家中常住人口数量（在家中居住六个月以上，不含访客、在职军人和住校学生）：_____

A.2 家中常住人口信息

问题	选项	家庭成员编码 壹	贰	叁	肆	伍	陆	柒	捌
a. 与户主关系	①本人；②配偶；③父母亲；④配偶父母亲；⑤儿子女儿；⑥儿媳女婿；⑦兄弟姐妹；⑧(外)祖父母；⑨孙辈；⑩其他亲戚；⑪其他（__）								
b. 性别	①男；②女								
c. 出生年份									
d. 2012年职业状况	①全职工作；②兼职工作（包括退休后返聘）；③没有工作（包括失业）；④退休【如果选择选项③，跳过问题e~g】								
e. 2012年所在工作单位性质	①国有企业；②集体企业；③私营企业；④外资企业；⑤内资股份制企业；⑥国家机关或事业单位；⑦个体经营；⑧其他								
f. 职业类型	①公务员；②事业单位职工；③公司职员；④服务业从业人员；⑤个体经营者；⑥工人；⑦农民；⑧教师；⑨学生；⑩自由职业者；⑪其他（__）								
g. 行业类型	①农、林、牧、渔业；②采矿业；③制造业；④电力、热力、燃气及水生产和供应业；⑤建筑业；⑥批发和零售业；⑦交通运输、仓储和邮政业；⑧住宿和餐饮业；⑨信息传输、软件和信息技术服务业；⑩金融业；⑪房地产业；⑫租赁和商务服务业；⑬科学研究和技术服务业；⑭水利、环境和公共设施管理业；⑮居民服务、修理和其他服务业；⑯教育；⑰卫生和社会工作；⑱文化、体育和娱乐业；⑲公共管理、社会保障和社会组织；⑳国际组织								
h. 民族	①汉族；②回族；③满族；④蒙古族；⑤壮族；⑥朝鲜族；⑦维族；⑧其他民族								

续表

问题	选项	家庭成员编码							
		壹	贰	叁	肆	伍	陆	柒	捌
i. 教育水平	①没有接受过正规教育；②小学；③初中；④高中（包括中专、职高）；⑤大专；⑥大学；⑦硕士；⑧博士								
j. 受教育总年限（年）									
k. 2012年在家中居住时间有几个月									

A.3 平常是否有人整天在家_____
①有　②没有
a. 有几个人整日留在家中？_____人
b. 有几个人在家远程办公？_____人

B. 住房情况
住房建筑信息

问题	选项	选择
B.1 对该建筑所处地理位置描述	①城市（县级市及以上）；②乡镇；③农村	
B.2 按层数划分，该建筑属于	①低层住宅（1~3层）；②多层住宅（4~6层）；③中高层住宅（7~10层，也称为小高层）；④高层住宅（11~30层）；⑤超高层住宅（30层以上）	
B.3 该住房位于该建筑第___层		
B.4 该家庭自身使用的住房空间有几层（不含地下室和阁楼，不含租售给他人的住房空间）	①一层；②两层；③三层；④四层及以上；⑤错层式	
B.5 如果户迁入该住房时间：___年___月迁入如果是2012年迁入，是___月迁入		
B.6 该户同每年在该住房居住时长：___天	[取值1~7]	
B.7 现有房屋的产权是	①自有；②他人	
B.8 按房屋政策属性，该住房属于	①廉租房（公租房）；②已购公房（房改房）；③经济适用房；④住宅合作社集资建房；⑤自建房；⑥商品房；⑦其他（___）	
B.9 该房屋建筑年代	①早于1949年；②1949~1959年；③1960~1969年；④1970~1979年；⑤1980~1989年；⑥1990~1999年；⑦2000~2009年；⑧2010年及以后	
B.10 建筑外墙主体材料	①砖头；②木头；③合金板（铝/铜）；④石棉瓦；⑤石头；⑥混凝土；⑦玻璃；⑧泥土；⑨砖石混合；⑩砖泥混合；⑪其他	
B.11 该建筑屋顶主要材料	①瓦片；②木头；③金属；④石板；⑤石棉瓦；⑥沥青；⑦混凝土；⑧其他	
B.12 该建筑房大致层高（如有地板及吊顶顶装饰，则指从地板到吊顶顶面高度）	①≤2.8米；②（2.8，4.5]米；③>4.5米	
B.13 该住房建筑面积	①≤12米²；②12~30米²；③30~50米²；④50~70米²；⑤70~90米²；⑥90~120米²；⑦120~150米²；⑧150~180米²；⑨180~250米²；⑩>250米²	
B.14 该住房实际使用面积		

		a. 大致面积（平方米）	b. 朝向（该房间主要窗体朝向）①东；②南；③西；④北；⑤东南；⑥东北；⑦西南；⑧西北；⑨多窗多朝向；⑩无窗	房内独立窗户（可以独立打开的，双开窗和移动式窗户记为一个，不含门上的玻璃面板，玻璃幕墙，天窗都属于特殊的窗）			
房间类型	序号			c. 窗户数量	d. 窗框结构 ①木质；②塑钢；③铝合金；④铁；⑤其他（＿）	e. 玻璃类型 ①单层玻璃；②双层玻璃；③三层玻璃；④其他
客厅	一					
	二					
	三					
	四					
	五					
卧室	一					
	二					
	三					
	四					
	五					
书房/会客室	一					
	二					
	三					
地下室（非公用地下室，有独立房间和门）	一					
	二					
	三					
阁楼（完整的，在屋顶下，有楼梯到达，可站立的空间）	一					
	二					
	三					

B.15 该住房内房间情况

	问 题	选 项	选择
其他住房信息	B.16 该住房内卫生间数量		
	a. 厕所（只有马桶或蹲便器设备，无洗浴功能）数量		
	b. 浴室（只有洗漱台和淋浴器，无厕所功能）数量		
	c. 多功能卫生间（同时具备厕所和浴室功能）数量		
	B.17 该住房内阳台数量		
	a. 其中，开放式阳台数量		
	b. 其中，封闭式阳台数量		
	B.18 自您家搬进该住房后，主动更换过多少窗户（包括搬入前的装修及翻新）	①所有窗户；②大部分窗户；③少部分窗户；④没有更换过	
	B.19 自您家搬进该住房后，是否给门窗缝隙进行过封边处理	①有；②没有　【如果选择选项①，继续回答下面 a、b 两个问题】	
	a. 最近一次对门窗进行封边处理是什么时候	①1990 年以前；②1990～1994 年；③1995～1999 年；④2000～2004 年；⑤2005～2009 年；⑥2010～2012 年	
	b. 最近一次对门窗的封边处理费用是由谁支付的	①自己支付；②政府公共改造工程支付；③其他人支付	
	B.20 自您家搬进该住房后，是否给外墙进行过保暖改造	①有；②没有　【如果选择选项①，继续回答下面 a、b 两个问题】	

续表

	问 题	选 项	选择
	a. 最近一次对外墙进行保暖改造是什么时候	①1990年以前；②1990~1994年；③1995~1999年；④2000~2004年；⑤2005~2009年；⑥2010~2012年	
	b. 最近一次对外墙保暖改造的费用是由谁支付的	①自己支付；②政府公共改造工程支付；③其他人支付	
	B.21 自您家搬进该住房后，是否给阁楼、天花板、管道等添加过隔热绝缘材料	①有；②没有 【如果选择选项①，继续回答下面a、b两个问题】	
其他住房信息	a. 最近一次对外墙保暖改造是什么时候	①1990年以前；②1990~1994年；③1995~1999年；④2000~2004年；⑤2005~2009年；⑥2010~2012年	
	b. 最近一次对外墙保暖改造的费用是由谁支付的	①自己支付；②政府公共改造工程支付；③其他人支付	
	B.22 是否有私人独立的地下室	①有；②没有 【如果选择选项①，继续回答下面a~d问题】	
	a. 2012年地下室取暖几个月		
	b. 2012年地下室在该取暖期间取暖频率	①从不供暖(0)；②很少供暖(1%~4%)；③有时会供暖(6%~33%)；④差不多一半时间供暖(34%~66%)；⑤四分之三时间供暖(67%~95%)；⑥大部分时间供暖(96%~99%)	
	c. 2012年地下室制冷几个月		
	d. 2012年地下室在该制冷期间制冷频率	①从不制冷(0)；②很少制冷(1%~4%)；③有时会制冷(6%~33%)；④差不多一半时间制冷(34%~66%)；⑤四分之三时间制冷(67%~95%)；⑥大部分时间制冷(96%~99%)	
	B.23 是否有阁楼	①有；②没有 【如果选择选项①，继续回答下面a~d问题】	
	a. 2012年阁楼取暖几个月		
	b. 2012年阁楼在该取暖期间取暖频率	①从不供暖(0)；②很少供暖(1%~4%)；③有时会供暖(6%~33%)；④差不多一半时间供暖(34%~66%)；⑤四分之三时间供暖(67%~95%)；⑥大部分时间供暖(96%~99%)	

续表

	问 题	选 项	选择
	c. 2012年阁楼制冷几个月		
	d. 2012年阁楼在该制冷期间制冷频率	①从不制冷（0）；②很少制冷（1%~4%）；③有时会制冷（6%~33%）；④差不多一半时间制冷（34%~66%）；⑤四分之三时间制冷（67%~95%）；⑥大部分时间制冷（96%~99%）	
B.24 是否有封闭式、独立车库		①有；②没有　【如果选择选项①，继续回答下面 a~f 问题】	
	a. 车库位置	①位于地下室；②在地面一楼；③在其他位置	
	b. 车库大小	①停靠1辆小汽车；②停靠2辆小汽车；③停靠3辆及以上车	
	c. 2012年车库取暖几个月		
其他住房信息	d. 2012年车库在该取暖期间取暖频率	①从不供暖（0）；②很少供暖（1%~4%）；③有时会供暖（6%~33%）；④差不多一半时间供暖（34%~66%）；⑤四分之三时间供暖（67%~95%）；⑥大部分时间供暖（96%~99%）	
	e. 2012年车库制冷几个月		
	f. 2012年车库在该制冷期间制冷频率	①从不制冷（0）；②很少制冷（1%~4%）；③有时会制冷（6%~33%）；④差不多一半时间制冷（34%~66%）；⑤四分之三时间制冷（67%~95%）；⑥大部分时间制冷（96%~99%）	
B.25 该房屋冬季平均每天日照时间		①≤1小时；②（1，2］小时；③（2，3］小时；④（3，4］小时；⑤（4，5］小时；⑥（5，6］小时；⑦（6，7］小时；⑧（7，8］小时；⑨>8小时	
B.26 该房屋夏季平均每天日照时间		①≤1小时；②（1，2］小时；③（2，3］小时；④（3，4］小时；⑤（4，5］小时；⑥（5，6］小时；⑦（6，7］小时；⑧（7，8］小时；⑨>8小时	

C. 厨房设备及家用电器

C.1 主要烹饪设备使用信息

类别	序号	a. 主要设备	b. 主要燃料	c. 电器输出功率	d. 主要用途	e. 使用频率	f. 每次平均使用时间
		①蜂窝煤炉;②柴火灶;③电磁炉;④煤气灶;⑤电饭煲;⑥微波炉（光波炉）;⑦烤箱;⑧面包机;⑨高压锅;⑩其他（___）	①煤球;②薪柴/秸秆;③电力;④管道天然气/煤气;⑤瓶装液化气;⑥沼气;⑦其他（___）[如果选项③，继续回答问题 c，其他选项跳过问题 c]	①≤300 瓦;②(300, 500] 瓦;③(500, 700] 瓦;④(700, 1000] 瓦;⑤(1000, 1500] 瓦;⑥>1500 瓦	①做菜;②做饭;③煮稀饭/粥;④煲汤;⑤制作面点糕;⑥热饭菜;⑦烧水;⑧解冻;⑨烧烤;⑩其他	①每天≥3次;②每天2次;③每天1次;④每周4~6次;⑤每周1~3次;⑥每周<1次;⑦从来不用	①≤15 分钟;②(15~30] 分钟;③(30~45] 分钟;④(45~60] 分钟;⑤(60~90] 分钟;⑥(90~120] 分钟;⑦>120 分钟
灶头（选项①～④）	一						
	二						
	三						
	四						
	五						
其他烹饪设备（选项⑤～⑨）	一						
	二						
	三						
	四						
	五						
	六						

附录

137

C.2 电冰箱与冷柜

类别	序号	a. 品牌 [见表下方备注]	b. 类型	c. 容量	d. 除霜方式	e. 购买年份	f. 能源效率标识	g. 享受过何种家电补贴	h. 补贴是否影响您的购买决策
			①单门冰箱（冷冻室在箱）；②双门冰箱（冷冻室在上面）；③双门冰箱（冷冻室在下面）；④三门或以上冰箱；⑤双开门冰箱；⑥多开门冰箱；⑦半尺寸冰箱；⑧其他	①半尺寸（mini）②小型（<75升）③中型（75~150升）④大型（150~250升）⑤超大型（>250升）	①手动除霜②（半）自动除霜	①1990以前②1990~1994年③1995~1999年④2000~2004年⑤2005~2009年⑥2010~2012年	①没有标识②一级能效③二级能效④三级能效⑤四级能效⑥五级能效	①没有补贴②以旧换新补贴③节能产品惠民补贴④家电下乡补贴⑤其他	①是②否
电冰箱	一								
	二								
	三								
冷柜	一		—						
	二		—						

电冰箱/冷柜品牌：①海尔；②西门子；③三星；④美菱；⑤LG；⑥松下；⑦海信；⑧美的；⑨容声；⑩新飞；⑪博世；⑫TCL；⑬夏普；⑭东芝；⑮康佳；⑯小天鹅；⑰伊莱克斯；⑱其他（___）

C.3 洗衣机

类别	序号	a. 品牌 [见表下方备注]	b. 样式	c. 类型	d. 容量	e. 使用频率	f. 平均洗涤时间	g. 日常使用时水温设定	h. 购买年份	i. 能源效率标识	j. 享受过何种家电补贴	k. 补贴是否影响您的购买决策
洗衣机	一		①上开盖 ②前开门 ③斜开门	①单缸 ②双缸 ③(半)全自动波轮 ④滚筒 ⑤其他	①≤2千克 ②(2~3)千克 ③(3~4)千克 ④(4~5)千克 ⑤>5千克	①每天≥3次 ②每天2次 ③每天1次 ④每周4~6次 ⑤每周1~3次 ⑥每周<1次 ⑦从未不用	①≤15分钟; ②(15~30)分钟; ③(30~45)分钟; ④(45~60)分钟; ⑤(60~90)分钟; ⑥(90~120)分钟; ⑦>120分钟	①热水 ②温水 ③冷水 ④不知道	①1990年以前 ②1990~1994年 ③1995~1999年 ④2000~2004年 ⑤2005~2009年 ⑥2010~2012年	①没有标识 ②一级能效 ③二级能效 ④三级能效 ⑤四级能效 ⑥五级能效	①没有补贴 ②以旧换新补贴 ③节能产品惠民补贴 ④家电下乡补贴 ⑤其他	①是 ②否
	二											
	三											

洗衣机品牌：①海尔；②西门子；③松下；④LG；⑤小天鹅；⑥三洋；⑦三星；⑧格兰仕；⑨惠而浦；⑩美的；⑪博世；⑫小鸭；⑬其他（　　）

139

C.4 烘干机（包括洗衣烘干一体机）

类别	序号	a. 品牌 [见表下方备注]	b. 是否为洗衣烘干一体机	c. 烘干容量 [如果是一体机，一般为洗衣容量的一半]	d. 使用频率	e. 烘干机工作温度设定	f. 平均烘干时间	g. 购买年份	h. 能源效率标识	i. 享受过何种家电补贴	j. 补贴是否影响您的购买决策
烘干机	一		①是 ②不是	①≤2千克 ②(2~3]千克 ③(3~4]千克 ④(4~5]千克 ⑤>5千克	①每天≥3次 ②每天2次 ③每天1次 ④每周4~6次 ⑤每周1~3次 ⑥每周<1次 ⑦从来不用	①≤50度 ②(50~60]度 ③(60~80]度	①≤15分钟 ②(15~30]分钟 ③(30~45]分钟 ④(45~60]分钟 ⑤(60~90]分钟 ⑥(90~120]分钟 ⑦>120分钟	①1990年以前 ②1990年~1994年 ③1995年~1999年 ④2000年~2004年 ⑤2005年~2009年 ⑥2010年~2012年	①没有标识 ②一级能效 ③二级能效 ④三级能效 ⑤四级能效 ⑥五级能效	①没有补贴 ②以旧换新补贴 ③节能产品惠民补贴 ④家电下乡补贴 ⑤其他	①是 ②否
	二										
	三										

烘干机品牌：①松下；②海尔；③西门子；④美的；⑤伊莱克斯；⑥惠而浦；⑦博世BOSCH；⑧通用电气GE；⑨贝科BEKO；⑩LG电子；⑪其他（＿＿）

C.5 电视机

类别	序号	a. 品牌 [见表下方备注]	b. 屏幕大小	c. 主显示屏类型	d. 信号输入方式	e. 周一至周五每天平均工作时间（即使无人观看）	f. 周六和周日每天平均工作时间（即使无人观看）	g. 购买年份	h. 能源效率标识	i. 享受过何种家电补贴	j. 补贴是否影响您的购买决策
电视机	一		①≤29英寸 ②(29, 32]英寸 ③(33, 42]英寸 ④(43, 55]英寸 ⑤>55英寸	①CRT显像管 ②液晶平板(LCD/LED) ③等离子 ④投影	①天线 ②有线电视 ③数字电视盒(机顶盒) ④卫星电视锅 ⑤网络接入 ⑥其他	①≤1小时 ②(1~3)小时 ③(3~6)小时 ④(6~10)小时 ⑤>10小时	①≤1小时 ②(1~3)小时 ③(3~6)小时 ④(6~10)小时 ⑤>10小时	①1990年以前 ②1990~1994年 ③1995~1999年 ④2000~2004年 ⑤2005~2009年 ⑥2010~2012年	①没有标识 ②一级能效 ③三级能效 ④四级能效 ⑤五级能效	①没有补贴 ②以旧换新补贴 ③节能产品惠民补贴 ④家电下乡补贴 ⑤其他	①是 ②否
	二										
	三										
	四										
	五										

电视机品牌：①索尼；②长虹；③三星；④创维；⑤TCL；⑥康佳；⑦海信；⑧海尔；⑨飞利浦；⑩夏华；⑪夏普；⑫东芝；⑬其他（　　）

C.6 个人计算机（包括台式机、笔记本计算机、平板计算机）

类别	序号	a.计算机类型	b.品牌[见表下方备注]	c.显示屏类型	d.每天平均使用时间	e.是否可以访问因特网	f.是否通过家中无线路由器上网	g.路由器或者计算机接入网络方式	h.不用计算机时，您通常会	i.购买年份	j.显示器能源效率标识	k.享受过何种家电补贴	l.补贴是否影响您购买决策
个人计算机	一	①台式计算机 ②笔记本计算机 ③平板计算机		①CRT显像管 ②液晶平板(LCD/LED) ③投影 ④其他（＿）	①≤1小时 ②(1~3)小时 ③(3~6)小时 ④(6~10]小时 ⑤>10小时	①可以 ②不可以 ③不清楚【如果选，继续回答问题 f~g，否则跳过】	①是 ②不是	①拨号上网（电话线） ②ADSL ③光纤 ④线缆(有线宽带) ⑤3G无线 ⑥WLAN热点 ⑦其他	①关机，并拔掉电源 ②关机，不拔掉电源 ③不关机，进入睡眠待机模式 ④不关机，不进入睡眠待机模式	①1990年以前 ②1990~1994年 ③1995~1999年 ④2000~2004年 ⑤2005~2009年 ⑥2010~2012年	①没有标识 ②一级能效 ③二级能效 ④三级能效 ⑤四级能效 ⑥五级能效	①没有补贴 ②以旧换新补贴 ③节能产品惠民补贴 ④家电下乡补贴 ⑤其他	①是 ②否
	二												
	三												
	四												
	五												

计算机品牌：①苹果；②惠普；③宏基；④联想（IBM）；⑤方正；⑥戴尔；⑦索尼；⑧东芝；⑨神舟；⑩华硕；⑪海尔；⑫清华同方；⑬三星；⑭兼答机；⑮其他（＿）

C.7 其他办公设备

a. 有多少台一体机（打印/复印/传真）_____

b. 有多少台独立打印机_____

c. 有多少台独立传真机_____

d. 有多少台独立复印机_____

C.8 是否有除湿机：_____

①有；②没有　　　　【选择①，继续回答a，b问题】

a. 每年除湿机使用时间：_____

①≤1个月　　　②（1~3］个月　　　③（3~6］个月

④（6~10］个月　⑤>10个月

b. 在使用除湿机时，平均每天使用频率：_____

①≤1小时　　　②（1~3］小时　　　③（3~6］小时

④（6~10］小时　⑤>10小时

C.9 是否有加湿器：_____

①有；②没有　　　　【选择①，继续回答a，b问题】

a. 每年加湿器使用时间：_____

①≤1个月　　　②（1~3］个月　　　③（3~6］个月

④（6~10］个月　⑤>10个月

b. 在使用加湿器时，平均每天使用频率：_____

①≤1小时　　　②（1~3］小时　　　③（3~6］小时

④（6~10］小时　⑤>10小时

C.10 其他常用的充电设备（如手机、MP3播放器、数码相机、刮胡刀等）：_____

①没有　　　　　②1~3个　　　　　③4~8个

④8~12个　　　⑤12~16个　　　　⑥16个以上

充电方式：_____

①一直充电

②需要的时候充电，充完后充电器留在插座上

③需要的时候充电，充完后充电器拔出来

④需要的时候充电，充完后有时会把充电器拔出来，但有时会忘记

C.11 灯泡

类别	a. 日常生活中，有多少室内灯泡每天使用时间超过12小时 #其中节能灯数量	b. 日常生活中，有多少室内灯泡每天使用时间为4~12小时 #其中节能灯数量	c. 日常生活中，有多少室内灯泡每天使用时间为1~4小时 #其中节能灯数量	d. 每晚有多少户外灯泡整夜亮着 #其中节能灯数量	e. 您家中节能灯平均使用寿命是	f. 购买过何种补贴	g. 补贴是否影响您的购买决策
灯泡	①没有；②1~3盏；③4~6盏；④7~10盏；⑤11~15盏；⑥15~20盏；⑦>20盏				①≤1年 ②(1~3)年 ③(3~6)年 ④(6~10)年 ⑤>10年 ⑥不清楚	①没有补贴 ②以旧换新补贴 ③节能产品惠民补贴 ④家电下乡补贴 ⑤其他	①是 ②否

D. 取暖与制冷

D.1 您家冬季主要供暖方式是

①集中式供暖 【如果选择该选项，回答 D.2 表格问题】
②分户自供暖 【如果选择该选项，回答 D.3 表格问题】
③混合供暖（集中式＋自供暖）【如果选择该选项，回答 D.2 以及 D.3 表格问题】
④没有供暖
⑤其他形式（　　　）

D.2 集中式供暖

类别	a. 供暖来源	b. 供暖介质	c. 供暖时段是	d. 2012年采暖时长	e. 是否可以控制供暖温度	f. 是否有独立的供暖计量表	g. 供暖计费方式	h. 2012年供暖费自己承担比重
集中供暖	①市政热力管网；②区域锅炉供热；③区域热电站供热；④区域工业余热；⑤区域（小区）中央空调；⑥其他（　　　）	①蒸汽；②热水；③热风；④其他（　　　）	①固定的；②随时自控的	①≤1个月 ②(1~2] 月 ③(2~3] 月 ④(3~4] 月 ⑤(4~5] 月 ⑥(5~6] 月 ⑦>6个月	①可以 ②不可以 【如果选择①，请继续回答下面3个问题】 # 白天有人时温度设定 # 白天无人时温度设定 # 晚上有人时温度设定	①有 ②没有 【如果选择①，请继续回答下面1个问题】 # 如有计量表，是哪种类型 ①水量表 ②热量表	①按房屋面积收费 ②按实际供暖热量收费 ③按供暖时间长短收费 ④其他（　　　）	①0 ②1%~33% ③34%~50% ④51%~66% ⑤67%~99% ⑥100% 【如果选择1~5，请继续回答下面1个问题】 # 谁承担了其他部分的供暖费 ①家庭成员所在单位 ②社区 ③政府 ④亲戚朋友 ⑤房东 ⑥其他人

附录

145

D.3 如果是分户自供暖

类别	序号	a. 供暖设备	b. 供暖设备燃料	c. 2012年采暖时长	d. 采暖期内每天平均使用	e. 是否对被暖设备进行过例行检查和维修	f. 是否可以单独控制供暖温度	g. 是否获得过2012年供暖补贴
分户自供暖	一 二 三 四 五 六	①家用空调采暖；②锅炉管道式供暖；③采暖火炉（燃烧木材、煤炭等）；④电热辐射供暖（电暖器）；⑤移动式油汀、⑥电热加热器（油汀）；⑥地膜采暖；⑦其他（___）	①电力；②管道天然气；③瓶装液化气；④煤油；⑤其他液体燃料；⑥薪柴/木炭/煤；⑦地热；⑧其他（___）	①≤1个月 ②(1~2]月 ③(2~3]月 ④(3~4]月 ⑤(4~5]月 ⑥(5~6]月 ⑦>6个月	①≤1小时 ②(1~2]小时 ③(2~3]小时 ④(3~4]小时 ⑤(4~5]小时 ⑥(5~6]小时 ⑦(6~7]小时 ⑧(7~8]小时 ⑨>8小时	①有 ②没有 [如果选择①，请回答下面2个问题] #上一次进行检查维修时间 ①1990年以前 ②1990~1994年 ③1995~1999年 ④2000~2004年 ⑤2005~2009年 ⑥2010~2012年 #上一次检查维修费用是谁支付的 ①自己支付的 ②政府统一工程支付 ③其他人支付	①可以 ②不可以 [如果选择①，请继续回答下面3个问题] #白天有人时温度设定 #白天无人时温度设定 #晚上有人时温度设定	①有 ②没有 [如果选择①，请继续回答下面1个问题] #谁提供了供暖补贴 ①家庭成员单位 ②社区 ③政府 ④亲戚朋友 ⑤其他人

D.4 热水器（包括浴室及厨房用热水器，如小厨宝等，不包括饮用水加热器）

类型	序号	a. 热水器类型	b. 热水器燃料	c. 每周平均使用次数	d. 每次平均使用时长	e. 购买年份	f. 主要用途	g. 能源效率标识	h. 购买时享受过何种补贴	i. 补贴是否影响您的购买决策	j. 如果是储水式热水器				
		①储水式热水器；②即热式热水器 [如果选择①，回答问题j，否则跳过]	①电力；②管道天然气；③瓶装液化气；④燃料油；⑤太阳能；⑥太阳能电加热；⑦其他（—）	①≤1次 ②(1~3]次 ③(3~5]次 ④(5~7]次 ⑤(7~10]次 ⑥(10~14]次 ⑦(14~21]次 ⑧>21次	①≤15分钟；②(15~30]分钟；③(30~45]分钟；④(45~60]分钟；⑤(60~90]分钟；⑥(90~120]分钟；⑦>120分钟	①1990年以前 ②1990~1994年 ③1995~1999年 ④2000~2004年 ⑤2005~2009年 ⑥2010~2012年	①洗澡 ②厨房洗刷 ③供暖 ④其他	①没有标识 ②一级能效 ③二级能效 ④三级能效 ⑤四级能效 ⑥五级能效	①没有补贴 ②以旧换新补贴 ③节能产品惠民补贴 ④家电下乡补贴 ⑤其他	①是 ②否	#热水器容量 ①≤30升 ②(30~60]升 ③(60~100]升 ④(100~180]升 ⑤>180升	#是否一直于工作状态 ①是 ②不是	#是否具有温度设定功能 ①有 ②没有 [如果选择①，请继续下面2个问题]	#最低加热温度	#最高断电温度
热水器	一														
	二														
	三														
	四														
	五														

147

D.5 电风扇

类型	序号	a. 类型	b. 使用范围	c. 2012年夏季平均每天使用时长	d. 2012年夏季平均使用天数	e. 购买年份	f. 购买时享受过何种补贴	g. 补贴是否影响您的购买决策
电风扇	一	①吊扇 ②台扇 ③落地扇 ④空调扇 ⑤其他（___）	①客厅 ②卧室 ③书房/会客室 ④地下室 ⑤阁楼 ⑥其他（___）	①≤1小时 ②(1~2] 小时 ③(2~3] 小时 ④(3~4] 小时 ⑤(4~5] 小时 ⑥(5~6] 小时 ⑦(6~7] 小时 ⑧(7~8] 小时 ⑨>8小时	①≤15天 ②(15~30] 天 ③(30~60] 天 ④(60~90] 天 ⑤(90~120] 天 ⑥(120~150] 天 ⑦>150天	①1990年以前 ②1990~1994年 ③1995~1999年 ④2000~2004年 ⑤2005~2009年 ⑥2010~2012年	①没有补贴 ②以旧换新补贴 ③节能产品惠民补贴 ④家电下乡补贴 ⑤其他	①是 ②否
	二							
	三							
	四							
	五							

D.6 空调

a. 类型	b. 额定制冷功率	c. 变频或者定频	d. 品牌	e. 制冷范围	f. 是否有加热功能	g. 夏季平均每天制冷时长	h. 夏季平均制冷天数	i. 是否有恒温控制器	j. 购买年份	k. 能效标识	l. 购买时享受过何种补贴	m. 补贴是否影响您的购买决策
①集中式中央空调（小区或楼宇） ②独立式中央空调 ③分体式空调 【如果①或选择②，跳过 b～d 问题】	①<2300 瓦（小1匹机） ②2300～2500 瓦（1匹机） ③2500～3200 瓦（大1匹机） ④3200～3600 瓦（1.5匹机） ⑤3600～4500 瓦（大1.5匹机） ⑥4500～5100 瓦（2匹机） ⑦>5100 瓦（大2匹机）	①变频 ②定频	[见表下方备注]	①客厅 ②卧室 ③书房/会客室 ④地下室 ⑤阁楼 ⑥所有房间 ⑦其他（___）	①有 ②没有	①≤1小时 ②(1～2]小时 ③(2～3]小时 ④(3～4]小时 ⑤(4～5]小时 ⑥(5～6]小时 ⑦(6～7]小时 ⑧(7～8]小时 ⑨>8小时	①≤15天 ②(15～30]天 ③(30～60]天 ④(60～90]天 ⑤(90～120]天 ⑥(120～150]天 ⑦>150天	①有 ②没有 【如果选项①,请继续回答下3个问题】 # 白天有人时,温度设定是 # 白天无人时,温度设定是 # 晚上有人时,温度设定是	①1990年以前 ②1990～1994年 ③1995～1999年 ④2000～2004年 ⑤2005～2009年 ⑥2010～2012年	①没有标识 ②一级能效 ③二级能效 ④三级能效 ⑤四级能效 ⑥五级能效	①没有补贴 ②以旧换新补贴 ③节能产品惠民补贴 ④家电下乡补贴 ⑤其他	①是 ②否

类型	序号												
空调	一												
	二												
	三												
	四												
	五												

空调品牌：①格力；②海尔；③美的；④大金；⑤海信；⑥格兰仕；⑦三菱；⑧奥克斯；⑨松下；⑩志高；⑪科龙；⑫三菱重工；⑬长虹；⑭三星；⑮TCL；⑯LG；⑰伊莱克斯；⑱日立；⑲春兰；⑳三洋；㉑新科；㉒惠而浦；㉓其他（　）

E. 交通方式

E.1 您家所在地理位置的便利程度

您与家以下地点的距离	a. 最近的城市中心/城镇集市（如周末会全家去的城市广场，或者定期的集市）	b. 最近的购物中心/超市（如购买日常用品的商店、超市，或者乡镇的集市）	c. 最近的医院/社区医院/其他医疗点（如平常普通疾病会选择去的提供医疗服务和救治的医院）
	①很近，1公里以内（步行15分钟） ④比较远，5~10公里（步行60~120分钟）	②比较近，1~3公里（步行15~30分钟） ⑤很远，超过10公里（步行120分钟以上）	③有点远，3~5公里（步行30~60分钟）
回答			

E.2 家庭成员公共交通工具利用方式

问题	选项	家庭成员编码与表格 A.2 相对应 壹　贰　叁　肆　伍　陆　柒　捌
a. 每周出行次数（如工作/探亲访友/休闲娱乐/商务活动）	①≤1 次　②（1~3］次　③（3~5］次　④（5~7］次 ⑤（7~10］次　⑥（10~14］次　⑦（14~21］次　⑧>21 次	
b. 出行采用公共交通工具的频率	①全部采用公交　②大多情况下用公交　③部分用公交 ④偶尔采用公交　⑤从不采用公交 【如果选择①~④，接着回答下面问题 c~h，否则跳过】	
c. 主要采用何种公共交通工具（可多选，最多两项）	①公共汽车　②地铁/轻轨　③公共自行车　④出租汽车 ⑤人力/电动三轮车　⑥摩托车/电瓶车　⑦其他（　　）	
d. 从您步行到公交点需要多长时间（如要换乘，指第一个公交点）	①≤5 分钟　②（5~10］分钟　③（10~20］分钟　④（20~30］分钟 ⑤（30~45］分钟　⑥（45~60］分钟　⑦>60 分钟	
e. 周一至周五，您每天使用该公交工具的频率	①≤1 次　②（1~3］次　③（3~5］次　④（5~7］次 ⑤（7~10］次　⑥（10~14］次　⑦（14~21］次　⑧>21 次	
f. 周六和周日，您每天使用该公交工具的频率	①≤1 次　②（1~3］次　③（3~5］次　④（5~7］次 ⑤（7~10］次　⑥（10~14］次　⑦（14~21］次　⑧>21 次	
g. 周一至周五，您每次使用该公交花费的平均时长是（包括等待时间）	①≤5 分钟　②（5~10］分钟　③（10~20］分钟　④（20~30］分钟 ⑤（30~45］分钟　⑥（45~60］分钟　⑦>60 分钟	
h. 周六和周日，您每次使用该公交花费的平均时长是（包括等待时间）	①≤5 分钟　②（5~10］分钟　③（10~20］分钟　④（20~30］分钟 ⑤（30~45］分钟　⑥（45~60］分钟　⑦>60 分钟	

E.3 家庭成员使用普通汽车情况（不含电瓶车和摩托车；可以是自己所有，也可以是他人所有但有使用权的汽车）

问题	选项	家庭成员信息 [家庭成员代码与表格A.2对应]								
		壹	贰	叁	肆	伍	陆	柒	捌
a. 汽车类型	①小轿车（包括旅行车和休旅车） ②皮卡 ③运动功能汽车（SUV） ④面包车 ⑤货车（四轮） ⑥农用货车（三轮） ⑦其他（___）								
b. 汽车品牌	[见表下方备注]								
c. 汽车型号（如桑塔纳2000）									
d. 汽车使用年限（从出厂至2012年年底）	①≤2年 ②（2~5］年 ③（5~8］年 ④（8~12］年 ⑤>12年								
e. 变速箱类型	①手动变速 ②自动变速								
f. 发动机排量	①≤1.0升 ②（1.0~1.3］升 ③（1.3~1.6］升 ④（1.6~2.0］升 ⑤（2.0~2.5］升 ⑥（2.5~3.0］升 ⑦（3.0~3.5］升 ⑧（3.5~4.0］升 ⑨>4.0升								
g. 是否涡轮增压的（是否带T）	①是 ②不是								
h. 2012年全年行驶里程	①≤5000公里 ②（5000~10 000］公里 ③（10 000~15 000］公里 ④（15 000~20 000］公里 ⑤（20 000~25 000］公里 ⑥（25 000~30 000］公里 ⑦（30 000~35 000］公里 ⑧（35 000~40 000］公里 ⑨>40 000公里								
i. 截至2012年，汽车累计行驶总里程	①≤1万公里 ②（1~2］万公里 ③（2~3］万公里 ④（3~5］万公里 ⑤（5~8］万公里 ⑥（8~12］万公里 ⑦（12~16］万公里 ⑧（16~20］万公里 ⑨>20万公里								

续表

问题	选项	家庭成员信息 [家庭成员代码与表格 A.2 对应]								
		壹	贰	叁	肆	伍	陆	柒	捌
j. 燃料类型	①93号汽油（京标92号） ②97号汽油（京标95号） ③乙醇汽油 ④柴油 ⑤电力 ⑥天然气 ⑦混合动力（汽油+电力） ⑧混合动力（汽油+天然气） ⑨其他（___） 【如果选择⑤，跳过问题 k～m】								
k. 厂家标称百公里耗油量	①≤6升 ②(6~8]升 ③(8~10]升 ④(10~12]升 ⑤(12~15]升 ⑥(15~20]升 ⑦>20升								
l. 2012年实际百公里油耗	①≤6元/升 ②(6~7]元/升 ③(7~8]元/升 ④(8~9]元/升 ⑤(9~10]元/升 ⑥(10~12]元/升 ⑦>12元/升								
m. 2012年平均燃料价格	①≤1次 ②(1~3]次 ③(3~5]次 ④(5~8]次 ⑤(8~12]次 ⑥>12次								
n. 2012年该汽车正常维修保养次数									
o. 该汽车所有权是	①家庭成员所有 ②工作单位 ③汽车租赁公司 ④亲戚朋友 ⑤其他（___）								
p. 2012年该汽车燃料费用支出中，您家庭承担比重是	①≤1% ②(1%~33%] ③(33%~66%] ④(66%~99%] ⑤>99% 【如果选择①~④，请继续回答问题 q】								
q. 谁帮助承担了2012年部分燃料支出	①工作单位 ②亲戚朋友 ③其他（___）								

汽车品牌：①大众；②丰田；③本田；④日产；⑤雪佛兰；⑥奥迪；⑦现代；⑧宝马；⑨别克；⑩奇瑞；⑪福特；⑫比亚迪；⑬马自达；⑭奔驰；⑮铃木；⑯三菱；⑰起亚；⑱标致；⑲雪铁龙；⑳菲亚特；㉑雷诺；㉒依维柯；㉓沃尔沃；㉔斯柯达；㉕长城；㉖东南；㉗奔腾；㉘东风；㉙海马；㉚华普；㉛江淮；㉜吉利；㉝中华；㉞五菱；㉟众泰；㊱其他（___）

附 录

153

E.4 电瓶车（电动车是指由蓄电池提供电能驱动的纯电动机动车辆，可以是两轮、三轮或四轮，可以有篷或无篷，不含闲置、废旧车辆）

类型	序号	a. 购买年份	b. 电池类型	c. 充电频率	d. 充满电需要多长时间	e. 充电时间	f. 充电地点	g. 充满电后能续航多长时间（平地，不含上下坡）	h. 平均每天骑行时间	i. 是否用来载人或者载货
电瓶车	一	①1990年以前 ②1990~1994年 ③1995~1999年 ④2000~2004年 ⑤2005~2009年 ⑥2010~2012年	①可拆卸 ②不可拆卸	①每天充1~2次 ②每2~3天充1次 ③每3~5天充1次 ④每5~7天充1次 ⑤每个月充1~2次 ⑥很少充电	①≤6小时 ②(6~8]小时 ③(8~12]小时 ④>12小时	①大部分晚上充 ②大部分白天充 ③随机的，白天晚上都有	①在家里充电 ②在单位充电 ③街边充电桩器 ④其他（___）	①≤1小时 ②(1~2]小时 ③(2~3]小时 ④(3~4]小时 ⑤(4~5]小时 ⑥(5~6]小时 ⑦(6~7]小时 ⑧(7~8]小时 ⑨>8小时	①≤0.5小时 ②(0.5~1]小时 ③(1~2]小时 ④(2~3]小时 ⑤>3小时	①常常载人（货） ②偶尔载人（货） ③很少载人（货） ④从不载人（货）
	二									
	三									
	四									
	五									

E.5 机动摩托车（两轮或三轮，可以有篷或无篷，不含闲置、废旧车辆）

类型	序号	a. 购买年份	b. 类型	c. 品牌	d. 发动机排量	e. 平均每天骑行时间	f. 是否用来载人或者载货
摩托车	一	①1990年以前 ②1990~1994年 ③1995~1999年 ④2000~2004年 ⑤2005~2009年 ⑥2010~2012年	①踏板式摩托车（双脚可放在踏板上） ②骑式摩托车（从车座上跨过，骑马式）	[见表下备注]	①80毫升 ②90毫升 ③100毫升 ④125毫升 ⑤150毫升 ⑥250毫升 ⑦其他（＿）	①≤1小时 ②(1~2]小时 ③(2~3]小时 ④(3~4]小时 ⑤(4~5]小时 ⑥(5~6]小时 ⑦>6小时	①常常载人（货） ②偶尔载人（货） ③很少载人（货） ④从不载人（货）
	二						
	三						
	四						
	五						

摩托车品牌：①铃木大蒙爵；②嘉陵；③宗申；④力帆；⑤五羊-本田；⑥新大洲本田；⑦建设雅马哈；⑧轻骑铃木；⑨建设摩托；⑩钱江摩托；⑪大运摩托；⑫金城；⑬春兰；⑭其他（＿）

……155

F. 家庭收支与能源消费信息
F.1 家庭收入与支出结构

a. 2012年家庭税后总收入（可支配收入或净收入）	b. 其中：税后工资性总收入（工资+奖金+津贴+补贴+加班工资等）	c. 其中：税后家庭经营总收入（从事经营性活动获得的收入，如商业买卖）	d. 其中：税后财产性总收入（拥有的存款、证券等动产，以及如房屋、车辆、收藏品等不动产所获得的收入）	e. 其中：税后转移性总收入（商业退休金、失业救济金、赔偿、保险公积金、住房公积金、赠与）	f. 2012年家庭总支出额	g. 其中：在住房上的支出（如房租、月供、房屋修缮等，不含购房首付款）	h. 其中：在饮食上的支出（如日常食品，不含额外的餐馆开销）	i. 其中：在交通出行上的支出（如燃料费、车船通行费、停车费、保险、养路费、公共交通）
①≤1万元	② (1~3] 万元	③ (3~5] 万元	④ (5~8] 万元	⑤ (8~12] 万元	⑥ (12~15] 万元			
⑦ (15~20] 万元	⑧ (20~25] 万元	⑨ (25~30] 万元	⑩ (30~35] 万元	⑪ (35~40] 万元	⑫ (40~45] 万元			
⑬ (45~50] 万元	⑭ (50~80] 万元	⑮ (80~120] 万元	⑯ (120~200] 万元	⑰ (200~500] 万元	⑱>500 万元			
回答								

F.2 电力基础信息

问 题	选 项	回答
a. 您家电表是否是"一户一表"	①是　②不是　③不清楚	
b. 您家电表安装位置在	①房间内　②楼道内　③小区内　④不清楚	
c. 您家电表类型是	①机械式电表　②插卡式电表　③智能电表　④其他电表　⑤不清楚	
d. 您是否知道每月家中电力消费量及电费支出	①知道　②不知道	
e. 您通过何种途径了解的电力消费量及电费支出	①抄表员告知　②电力公司电费缴费通知单　③购买充电卡充值缴费记录　④自行读取电表记录　⑤其他途径（　　）	
f. 您电费缴纳方式是	①先付费后消费（充电卡）　②先消费后付费（月度结算）　③其他（　　）	
g. 您支付电费的方式是	①电力公司营业点支付　②银行关联账户自动扣款　③银行柜台或其他网点购买　④网络支付平台转账　⑤其他（　　）	
h. 您支付电费（购买储值电卡）的频率是	①按月度结算（每月购买储值电卡）　②按季度结算（每3个月左右购买储值电卡）　③按半月度结算（每半年左右购买储值电卡）　④按年度结算（每一年左右购买储值电卡）	
i. 您承担家电费支出的比重是	①全部由家庭承担　②部分由家庭承担　③不用由家庭承担　[如果选择项②或③，请继续回答下面1个问题]	
#帮助承担家电费支出的主要对象和方式是	①亲戚朋友帮助支付　②单位提供报销补贴　③政府社区提供补贴和减免　④房东　⑤其他（　　）	

F.3 2012年家庭电力月度消费数据（参照电力账单或者问询/查询获得的对账单）

电力消费量（千瓦·时，度）

月份	a. 电力消费量	b. 峰、平、谷电消费			c. 阶梯电消费			d. 电费支出	e. 峰、平、谷电支出			f. 阶梯电支出（元）		
		#峰	#平	#谷	#第一档（基本用电）	#第二档（正常用电）	#第三档（高质量用电）		#峰	#平	#谷	#第一档（基本用电）	#第二档（正常用电）	#第三档（高质量用电）
一														
二														
三														
四														
五														
六														
七														
八														
九														
十														
十一														
十二														
合计														

F.4 分时段计价（峰谷电价）政策

问题	选项	回答
a. 您是否知道电力公司的分时段计价政策？（用电高峰期的"峰电"价格较高，平时的"平电"价格居中，晚上用电低谷时期"谷电"价格最低）	①知道　②不知道	
b. 您是否了解您所在的省是否实施分时段计价（峰谷电价）政策	①知道　②不知道	
c. 您是否收到过电力公司关于分时段计价（峰谷电价）的通知信息（邮件通知/书面告知/短信告知）	①有　②没有	
d. 您家中是否已经开通了电力分时段计价（峰谷电价）	①是否　②没有　③不清楚是否开通【如果选择②或者③，请回答问题e】	
e. 电力的分时段计价（峰谷电价）一般不主动开放，需要户主本人携带有效证件至最近的电力营业厅主动申请开通，申请成功后，在用电低谷时段（一般为晚上23:00～凌晨6:00）用电采取半价计算，您是否愿意去申请办理	①愿意　②不愿意【如果选择②，请继续回答问题f】	
f. 不愿意申请办理分时段计价（峰谷电价）的主要原因	①即便超过第一档用电量，增加的电费可能会没多少钱　②不知道具体办理流程　③担心办理可能会收取一定费用　④准备材料太麻烦　⑤电费不是我支付的，省不省电无所谓　⑥其他（　　　）	

F.5 阶梯电价政策

问 题	选 项	回答
a. 您是否知道电力公司实施的阶梯电价政策？（电力消费量划为三档，第一档满足居民基本用电需求，电价最低，超过一档用电量后加价不低于0.05元/度，超过二档用电量后加价0.3元/度）	①知道　②不知道	
b. 您是否了解您所在的地区是否实施阶梯电价政策	①知道　②不知道	
c. 您是否收到过电力公司关于阶梯电价通知信息（邮件通知/书面告知/短信告知）	①有　②没有	
d. 您家中是否已经实施了阶梯电价	①有　②没有　③不清楚 【如果选择②或者③，请回答问题 e】	
e. 如果您所在地区阶梯电价第一档基本用电量可以根据家庭人口规模调整（按户口本上人口数，第一档电量越多），但需要户主本人携带有效证件至最近的电力营业厅申请，您是否愿意申请	①愿意　②不愿意 【如果选择②，请继续回答问题 f】	
f. 不愿意申请增加第一档基本用电量的主要原因	①即便超过第一档用电量，增加的电费也没多少钱 ②不知道具体办理流程 ③担心办理可能会收取一定费用 ④准备材料太麻烦　⑤电费不是我支付的，省不省电无所谓 ⑥其他（ ）	

F.6 其他能源品的年度消费及经费支出

其他能源品类型	a. 计量单位 ①立方米（m³） ②升（L） ③千克（kg） ④其他（　　）	b. 2012年消费数量	c. 2012年消费支出（元）	d. 您家承担能源支出的比重 ①全部由家庭承担 ②部分由家庭承担 ③不用由家庭承担 [如果选择②或③，回答问题e，其他跳过]	e. 帮助您承担能源费用的主要对象和方式是 ①亲戚朋友帮助支付 ②单位提供报销和补贴 ③政府社区提供补贴和减免 ④其他（　　）
集中供暖暖气		—			
管道天然气/煤气					
瓶装液化气					
蜂窝煤/煤球					
柴油					
其他燃料油					
薪柴/秸秆					
沼气					
其他（　　）					